# Dog embroideries for the dog lover!

犬好きさんに贈る

# とっておきの犬の刺繍

米井美保代

日本文芸社

# contents

## chapter.1

# 表情を描く

毛の一本一本を写しとるように描くことができる、シルクシェーディング。
おすましさんも、いたずらっ子も、いきいきと表現できます。

## Papillon ❀ パピヨン

耳が特徴的なパピヨン。仔犬の頃はまだ短めな耳の毛も徐々に立派になっていきます。

*How to make >>* **p.49**

Jack Russell Terrier ❋ ジャックラッセルテリア

小柄だけど元気いっぱい。片耳ぴょんがトレードマークです。

*How to make* >> **p.51**

Miniature Schnauzer ⁂ ミニチュアシュナウザー

明るくて愛嬌たっぷり。チャームポイントのまゆ毛はバランスを見て最後に刺します。

*How to make >>* **p.52**

Chihuahua ✣ チワワ

世界最小でも勇敢なチワワ。頭が良く、好奇心旺盛。表情もくるくる変わります。

*How to make* >> **p.54**

*column*
# シルクシェーディングの魅力

　1章の4つの作品は、シルクシェーディング（Silk Shading）という英国刺繍の技法で刺しています。写真から、そのまま飛び出してきたようなリアルな刺繍。糸を使って、まるで描くように刺繍をすることから、ニードルペインティングとも呼ばれ、植物や動物を緻密に表現できるのが特徴です。

　このテクニックを知ったときに、刺してみたいなと思ったのは、当時、共に暮らしていた愛犬でした。毎日よく見ているようで、いざ刺繍をしようと写真をじっと見てみると「あ、こんなところが黒い毛なんだ」とか「ヒゲはこんな風に生えているのね」と、新しい発見があり…。毛の流れや色の濃淡、陰影を刺繍で表現するに

はどうしたらいいのだろう、と糸と格闘したことを思い出します。

　伝統的なシルクシェーディングの技法では、シルクや麻の生地に刺繍糸1本どりで刺すので、仕上がりはもちろん繊細で素敵なのですが、テクニックだけでなく、とても根気が必要な作業になります。そこで、続く2章では、25番刺繍糸2本どりを中心に、使う色数も少し絞って、刺しやすいものにアレンジしたシルクシェーディングにトライしてみました。いろいろな犬種の表現にチャレンジし、様々な犬の愛らしい姿をピックアップしていますので、きっとどこかにみなさんの「うちの子」が隠れていると思います。ぜひ探してみてください。

## chapter.2
# 日常を描く

ちょっとした出来事が楽しくいとおしい、
愛犬との暮らし。
何気ない日常のワンシーンを、刺繡で表現しています。

### 雨のお散歩 〜〜 トイプードル

雨でも雪でも、お散歩大好き。早く早く！　見上げる表情がそう言ってます。

*How to make >>* **p.55**

## 紅葉の公園で ❧ レイクランドテリア

ほら見て見て。サクサク紅葉を踏みしめて、得意気な様子。

*How to make >>* **p.56**

布団にかくれて ✳ チワワ

お布団から出たくないときが、犬にだってあるんです。

*How to make >>* **p.57**

バッグでお出かけ ※ ポメラニアン

お出かけだよー。広げたバッグに自分から入ってくる、おちゃめな二匹。

*How to make >>* **p.58**

# 早く行こうよ ❊ ミニチュアシュナウザー

待ちきれない気持ちを抑えて、お行儀よくお散歩の合図を待っています。

*How to make* >> **p.60**

投げっこのあとは ❋ チワワ

キャッチに飽きたら…
やっぱりかじりついちゃいました。
*How to make* >> **p.61**

### バギーで GO! ❀ フレンチブルドッグ

公園までバギーでラクラク。みんなが「いいね」って言ってくれます。

*How to make* >> **p.62**

ペーパーをくわえて ～ ダックスフント

この噛みごたえがたまらない！！ いたずらっ子の得意顔で思わず笑顔に。

*How to make* >> **p.66**

スリッパ大好き ❀ ゴールデンレトリバー

またスリッパと格闘中。履物がお気に入りなのは、飼い主の匂いがするからなのかな。

*How to make* >> **p.67**

19

真夏の夜の夢 ❋ トイプードル

どこへでも一緒に行けたらいいのに…。飼い主にとっては夢のような光景です。

*How to make* >> **p.70**

メリークリスマス ❧ キャバリアキングチャールズスパニエル

真ん丸の目がもう真剣！　どうぞ召し上がれ。

*How to make >>* **p.72**

## 夏の小径 ❧
### ボーダーテリア
表情豊かなボーダーテリアと避暑地を散歩。きれいなお花に囲まれてちょっと休憩です。
*How to make* >> **p.64**

## 大好物の焼きいも ✺ 柴犬

冬毛で真ん丸な柴犬と、大好きな甘くて美味しい焼きいも。食べすぎ注意ですよ。

*How to make* >> **p.63**

## 小鳥のさえずり ～ ビーグル

耳をすまして、じっと聞いてる…。きれいなさえずりに、あこがれているのかな。

*How to make >>* **p.68**

## 水浴び最高！ ※ ウェルシュテリア

ぐるぐる躍るホースの水に大興奮！　大きなアクションが喜びの証しです。

*How to make >>* **p.74**

## chapter.3
# フォルムを描く

日常使いのアイテムにも、
愛犬を刺繍してみましょう。
使い勝手を考えて、線でステッチ。
シンプルな線で描いています。

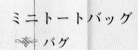

# ミニトートバッグ
### ❦ パグ

いつまで我慢できるかな。
クッキーをじっと見つめて
おあずけのパグ。

*How to make >>* **p.76**

バネポーチ

❄ ジャックラッセルテリア

おもちゃやおやつを入れてお散歩のお供に。
バネ仕様で、サッと取り出せます。

*How to make >>* **p.78**

# カフェエプロン
～～～ ダックスフント

ハートのおしりがキュートなダックスフント。
エプロンのヒップ側に、こっそり刺繍。

*How to make* >> **p.87**

エコバッグ

❋ アメリカンコッカースパニエル

幸せそうにごはんを食べる姿は、
いつまでも見ていられます。

*How to make* >> **p.75**

# 折りたたみポーチ

#### ✦ ブルドッグ

気持ちよさそうに、ソファーで昼寝。
このお鼻ですから、いびきはしょうがないよね。

*How to make* >> **p.86**

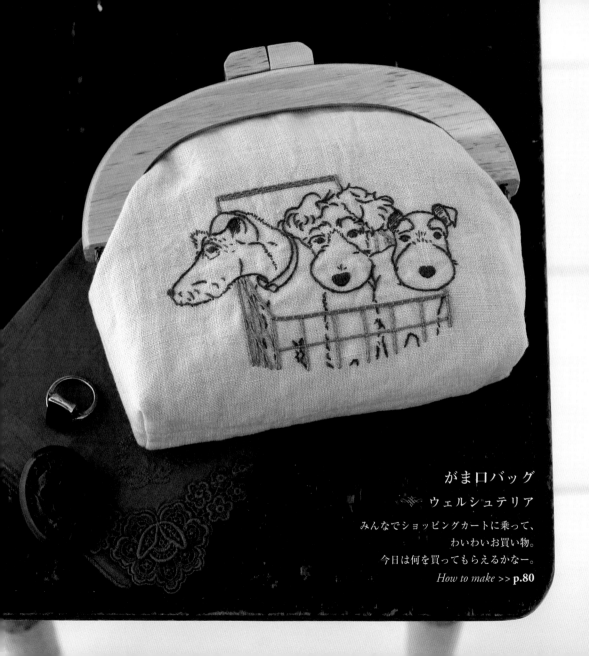

がま口バッグ

ウェルシュテリア

みんなでショッピングカートに乗って、
わいわいお買い物。
今日は何を買ってもらえるかなー。

*How to make* >> **p.80**

## クッション
### トイプードル

振り返って見あげてくる瞳とお鼻。
抱きしめたくなる可愛さ。

*How to make* >> **p.82**

## chapter.4

# キャラクターを描く

それぞれの犬が持っている雰囲気に合わせて、
映画や小説の登場人物のような衣装をアレンジしてみました。
ひと味違う、刺繍の楽しみ方です。

## 紳士 ❦ ダックスフント

凛々しい顔つき。シルクハットとステッキで紳士の仲間入りです。

*How to make* >> **p.88**

貴婦人 ～ イタリアングレーハウンド

憂いのある瞳と光沢のあるボディで、気品あふれる貴族のよう。

*How to make* >> **p.90**

## 画家 ～ パグ

個性的なたたずまいはアーティストさながら。ベレー帽がよく似合います。

*How to make >> p.92*

探偵 ～ ワイヤーフォックステリア

思慮深そうな顔つきで、推理もお手のもの。コートにくわえパイプ。

*How to make >>* **p.94**

## ◆ 用意するもの

### ◆ 材料

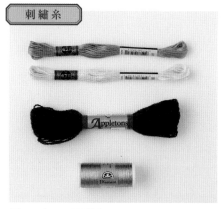

#### 刺繍糸

（上から）**25番刺繍糸**：DMC の 25番刺繍糸を使用。30～50㎝にカットし、1本ずつ抜いて使用本数を引き揃える。／**ウール糸**：アップルトンクルウェルウールを使用。糸が細くなっているところは、よけて使う。／**メタリック糸**：DMC ディアマントを使用。傷まないよう短めにカットして使う。

#### 布

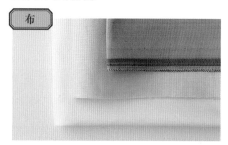

（上から）**シルク**：織り目が密で光沢のある生地。／**リネン**：目の詰んだ平織りの刺繍用生地が刺しやすい。／**シーチング（当て布）**：淡色には白か生成り、濃色には黒を使用。表布と重ね、枠に張って刺繍する。

### ◆ 道具

#### 針

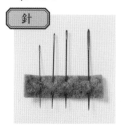

（右から）**シェニール針**：針穴が長く、先が尖っている。この本では、ウール刺繍で使用。／**フランス刺繍針9番・12番**：糸の本数や布に合わせて選ぶ。1本どりは10・12番、2本どりは7・8・9番。／**アップリケ針**：短めで針穴が小さく、針目の穴が目立ちにくい。

#### はさみ

（右）**糸切りばさみ**：先端が鋭く、切れ味のよいものを。刃先が反っているものがおすすめ。／（左）**布切りばさみ**：刃が布をしっかりとらえ、細かな切り出しができるものを。

#### 枠

**刺繍枠**：細くバイアスに切ったシーチングを（金具のところまで）巻いて使う。生地がゆるまず、傷みにくい。／**ドライバー**：布目のゆがみをとって生地を張ったら、ドライバーでネジをしっかり締める。

**刺繍スタンド**：刺繍枠を支える台。両手で作業ができる。くるっと裏返せるタイプが便利。

### ◆ 糸の通し方

糸の本数が奇数のときはそのまま通す。偶数のときは、二つ折りにして指定の本数にすると布の通りがよく刺しやすい。

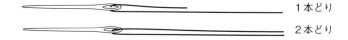

1本どり

2本どり

<br>

## 刺し始める前に

### 図案の写し方

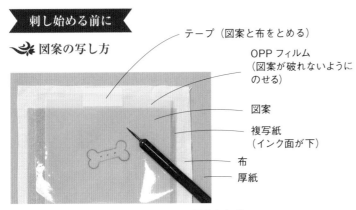

テープ（図案と布をとめる）

OPP フィルム
（図案が破れないように
のせる）

図案

複写紙
（インク面が下）

布

厚紙

下からこの順番で重ねて、トレーサーで図案をなぞる。

（上）**トレーサー**：図案をなぞるための鉄筆。なるべく細いものを使う。／（下）**チャコペン**：図案を書き足したり、薄くなったときになぞったりする。自然に消える・水で消える、極細・細などさまざまなタイプがあるので、用途に合わせて選ぶ。必ず事前にテストし、消えるかどうか確認してから使う。

### 刺し方手順

刺す順番とパーツ

刺し進む向き。
ここでは中の陰を刺してから、
外側から内側に向かって刺す。

----と＋がついているものは
つけ足しステッチ（p.42）。
順番通り刺した後で、上から加える。

＋ 738（1本）

**❸耳　中の陰→外→内**

3031→739→712

使用糸番号
→の順番で糸を使う。

① 3799サテン・S
② BLANC

丸数字があるものは
その順番で刺す。

**❶首　下→上**

739,712,03

使用糸番号
→がない場合、書いてある
糸を適所に使う。

※刺し方手順ではわかりやすいように、写真を拡大して解説しています。

### 実物大図案

実物大図案。黒で表記。

つけ足しステッチを
どの位置に足すかを
示した線。
黒以外で表記。

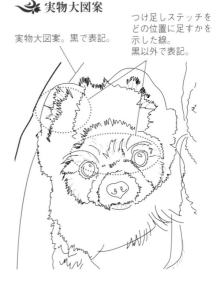

## p.13 ❧ ポメラニアンの刺し方

ポメラニアンの顔は短めのロング・アンド・ショート・ステッチ（以下ロング＆ショート・S）を中心にグラデーションを生かしながら刺します。毛の流れや重なり方を意識して、奥から手前、外から内へ、刺し進みます。つやつや、くるくる、ごわごわと、犬の毛質はさまざま。刺したいイメージをふくらませ、針目の長さや角度を調節するのも、犬の刺繍の奥深くおもしろいところです。

胴体から頭に向かって刺す。奥のこげ茶の陰の上に明るいベージュを刺す。長短をしっかりつけ、毛の流れを出す。

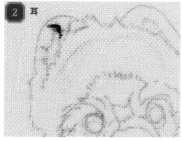

奥まった位置、耳の中の陰から刺す。「刺し始め」のステッチを、隠れる位置に刺してスタート。

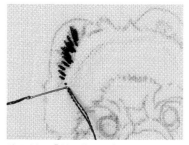

陰を刺し「刺し終わり」のステッチをして糸を切る。同じ糸で別の場所を刺す場合、2cm以上裏に糸を渡さない。

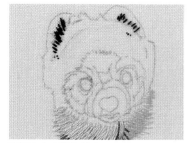

両耳の中の陰を刺す。

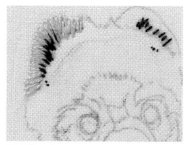

耳を陰に少しかぶせるように、耳の外から内へとロング＆ショート・Sで刺す。

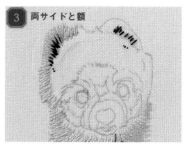

続けて、顔のサイドを外から内へロング＆ショート・Sで刺す。

右の耳と顔のサイドも同様に刺す。

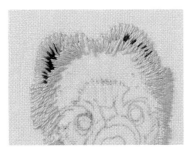

額にガイドの線を引き、外から内に向かって、ひとまわり内側を刺す。

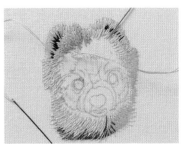

糸の色を替えてさらに刺す。まだ使う糸は針につけたまま、表側で休ませる。(針は跡が残るので図案以外に刺さない。)

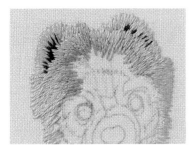

少しずつ内側に向けて狭まっていくように、ロング＆ショート・Sで刺す。カーブは針目を小さくして刺す。

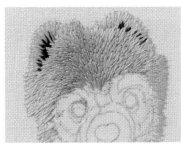

隣と針目が揃わないように、少しずつずらして刺し埋める。

**4** まゆ毛

まゆ毛の主な線をスプリット・S。

眉間の部分を濃い茶色で刺す。

**5** 目と目のまわり

瞳をサテン・Sで刺す。中央から端へ向かって左右半分ずつ刺す。

もう片方の目を、大きさのバランスを見ながら刺す。

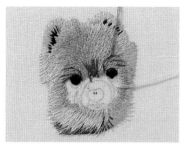

毛の流れに沿って、まゆ毛のすき間を
ベージュで埋める。

**6** ほほ

両目の下のほほを刺す。

目のまわりを放射状に刺す。

**7** 鼻のまわりと口

鼻のまわりを外から内に向かって刺
す。下に口を刺す。

さらに鼻のまわりの内側を刺す。口に
少し毛がかぶっている感じに刺す。

**8** 鼻

中央から端へ向かって左右半分ずつ刺
す。

**9** 瞳の光

瞳に光を入れる。（瞳の光は、目の最
後か、全体の最後に刺す。）

**10** つけ足しステッチ

口の下とまゆ、顔のまわりに1本どり
のストレート・Sで、毛のグラデーショ
ンや陰を加える。

耳にかかる遊び毛を、1本どりのスプ
リット・Sで数本つけ足す。

# 基本のステッチガイド

枠に布をピンと張って刺繍する場合は、針で布をすくわず、ひと針ごとに糸を引いて刺す。

## ▶刺し始め、刺し終わり

表から針を入れ、小さく2針、図案の線の上かステッチで隠れる位置に返し縫いをする。刺し始めは玉結びをし、返し縫いの後で結び玉を布のきわで切る。

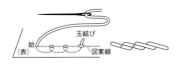

## ▶刺し終わり

隠れる場所がないときは、裏に出ている糸に2、3回巻きつける。ゆるんでしまうときは、図のようにして糸を切る。

## ▶ストレート・S

## ▶コーチング・S

置き糸をとじ糸でとめつける。

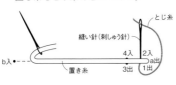

## ▶ランニング・S

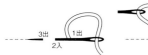

## ▶バック・S

針を垂直に出し入れする。

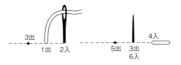

## ▶アウトライン・S

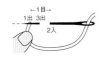

## ▶スプリット・S

糸を割りながら刺す。

2本どりも同様に刺す

43

## ▶フレンチ・ノット

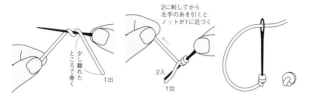

2に刺してから
左手の糸を引くと
ノットが1に近づく

少し離れた
ところで巻く

1出

2入

1出

## ▶ロング・アンド・ショート・S（ロング＆ショート・S）

輪郭の外から内に刺す。1本どり、2本どりでは前段の糸を割っ
て針を出すと、なめらかな仕上がりになる。

## ▶チェーン・S

糸を引きすぎないようにする。

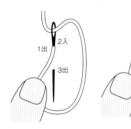

## ▶ウィップドチェーン・S

針の頭を使って、チェーン・Sにくぐらせ
ながら巻きつける。

## ▶バリオン・ノット

ステッチしたい長さ（AからB）に合わせて針に糸を巻きつける。指で巻いた糸を軽く押さえながら、糸を引く。
ABの長さより多く巻くとループ状になる。

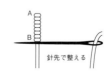

針先で整える

## ▶レイジー・デイジー・S

糸の引き具合でステッチの幅が変わる。

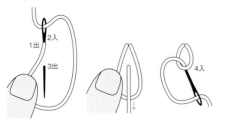

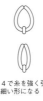

4で糸を強く引くと
細い形になる

中にストレート・Sを刺した
バリエーション

## ▶バスケット・S

図案に合わせて芯糸を刺す。すぐ脇から糸を出し、針の頭を使って平織りのように芯糸の上下をくぐらせ、反対側で布の裏に出す。これを往復する。

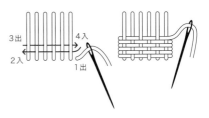

## ▶リブド・スパイダーズ・ウェブ・S

芯糸にくぐらせながら巻きつける。
（この本では芯糸を並行に刺す、応用ステッチとして使用しています）

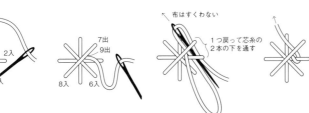

## ▶サテン・S

布に垂直に針を出し入れし、針目を平行に刺す。

 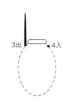 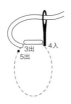 

## ▶パデッド・サテン・S

厚みを出すステッチ。この本では鼻によく使用。線の刺繍の内側にさらにストレート・Sで下刺しをする場合もある。

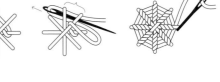

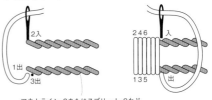

アウトライン・Sまたはスプリット・Sなど
線の刺繍

## ❧ パデッド・サテン・S　鼻など、ふっくら盛り上げたいパーツを刺すときに使う（糸の色を変えて説明しています）

**1**

図案線の内側を、スプリット・Sで刺す。

**2**
2入　　1出
3出　　4入

中をストレート・Sで往復しながら、できあがりと異なる向きに下刺しする。

**3**

スプリット・Sをくるむように中央から端に向かって左右半分ずつサテン・S刺す。

**4**

できあがり。

## ❧ レイズド・リーフ・S　糸を織るようにくぐらせる

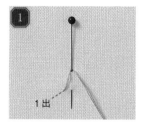
**1**
1出

まち針をリーフの長さに合わせて刺す。糸を1から出してまち針にかける。

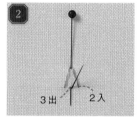
**2**
3出　　2入

2から針を入れ、3（まち針のきわ）に出す。

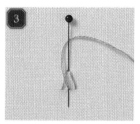
**3**

まち針にかけて、中央に縦に糸を通す。

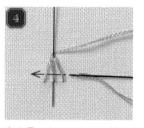
**4**

糸を貫かないように、針の頭を使って、写真のように糸の上下を通す。

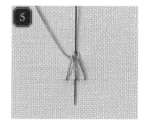
**5**

糸を先のほうに寄せる。

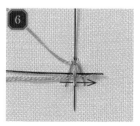
**6**

折り返し、通る糸の上下を逆にして戻る。通した糸を、針で、先のほうに寄せる

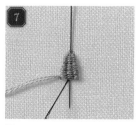
**7**

根元までくり返す。糸は中央から布の裏に出す。

**8**

まち針を抜く。リーフを形作るときは7で下に出した糸で先端をとめる。

## ✿ ターキー・ノット　下から上に向かって往復しながら刺す（糸の色を変えて説明しています）

1 1段め

表から針を入れ、写真のように刺す。糸端は必要な長さを残す。

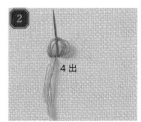

2

半針戻ったところから針を出す。

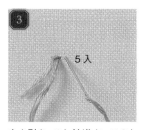

3

糸を引き、ひと針進む。このとき、糸を全部引かずにループを残し、1の糸端と長さを揃える。

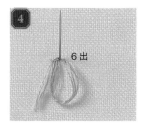

4

半針戻ったところから針を出す。

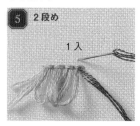

5 2段め

3と4をくり返して図案の端まで進んだら、2段めに移る。1〜2mm程度上に針を入れる。

6

すぐ右から針を出す。ループは1段めの長さと同じに調整する。

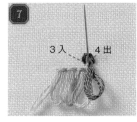

7

1段めと同様に半針ずつ戻りながら、右から左に進む。

8

6と7をくり返して図案の端まで進む。

9 最終段

最後の段は横に渡る糸が目立たないよう半目戻らずループの陰で1目バック・S。

10

次のひと針を出したところ。横に進みながらくり返す。

11

ループをカットし長さを切り揃える。綿毛状にするときはまち針で糸をほぐす。

12

全体がほわっとしたらできあがり。

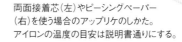
両面接着芯（左）やピーシングペーパー
（右）を使う場合のアップリケのしかた。
アイロンの温度の目安は説明書通りにする。

### ❧ アップリケ布に線の刺繍をする場合

（裏）

アップリケ布の裏に両面接
着芯をアイロンで接着する。

（表）

ピーシングペーパーに図案を
写し、アップリケ布の表にア
イロンで接着する。

おおまかに切り、両面接着
芯の裏紙をはがす。

図案どおりに切る。刺繍布
にアイロンで接着する。

ピーシングペーパーの上から
図案に合わせて刺繍する。

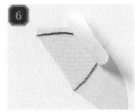

刺繍のきわでそっと破りな
がらピーシングペーパーをは
がす。

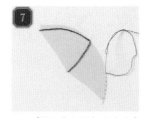

アップリケ布と同色の糸1本
どりでまわりをまつる。外か
ら内にまつるとアップリケ布
が浮きにくい。

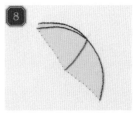

上辺の刺繍をまつり縫いの
上から刺す。

### ❧ フェルトの場合

（表）

ピーシングペーパーに図案
を写し、フェルトにアイロン
で接着する。

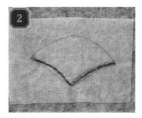

ピーシングペーパーの上か
ら、図案に合わせて刺繍す
る。

図案どおりに切って刺繍を
指でおさえ、ピーシングペー
パーをそっと破りとる。

アップリケ布と同色の糸1本
どりでまつる。綿を入れる場
合は1辺を残しておき、綿を
入れてからまつる。

# パピヨン　～ photo_4

糸　DMC25番刺繍糸
　　茶色 /738,437,436,801,938,3031,3371/ 白3865/ グレー3024,648,645/ 黒310

**刺し方手順**

すべて1本どり。指定以外はロング＆ショート・S。
＋ はそのパーツの最後に刺す。実物大図案は p.50

**❹まゆ毛**
3371,938,738

**❸額　外→内**
648→3865

**❶耳**
3371,938,436,437,310,738
＋3371,738
スプリット・S
②上部内側

**❷首**
3865
長い毛は
スプリット・S

①まわり

④①～③の内側

**⓾鼻→鼻の上下**
①310穴とカーブ
②645光
③310まわりを
放射状に刺す
④645,310上下のうぶ毛

③下部毛先

**❽口**
310

⑤つけ根

**❺目　瞳→瞳のまわり→光**

**❾鼻のまわり　外→内**
3865,3024,648
口に重ねて刺す

**❼ほほ**
437,738

**❻目の上下**
801,738

②3031

③3865

①310

⑤3865,648

④938,310
目のまわりを放射状に刺す

49

パピヨン ❦ photo_4

実物大図案
刺し方は p.49

ジャックラッセルテリア ❦ photo_5

実物大図案
刺し方は p.51

ミニチュアシュナウザー ❦ photo_6

実物大図案
刺し方は p.52

# ジャックラッセルテリア ❀ photo_5

糸 DMC25番刺繍糸
白3865/ グレー01,02,03,04,3799/ 黒310/ ピンク778,3727,316,3726
茶色3371,3866,842,841,840,839,452,779

> ## 刺し方手順
>
> ------＋ は最後にスプリット・Sでカールした毛を足す。
> （ ）内は糸の本数。指定以外は1本どり、指定以外は
> ロング＆ショート・S。実物大図案は p.50

**❶耳　外→内**
3865,452,778,840

**❷額　外→内**
3865,3866,842,841,840,779
03,04陰

**❸まゆ毛**
3866,04

**❶** 3866,842,841,840,839

**❺ほほ**
3866,842,841,
840,839

**❾鼻のまわり**
3865,02,03

**❿鼻**
①310（2本）全体を
　ストレート・Sで下刺し
②310全体を横方向にサテン・S
③04上部の光、穴の縁
④3799中心線、穴の下

**❽鼻下の陰**　03,04

**❼口**
口唇→舌
3371,452→3727,316,3726

779

**❻あご**
3865,01,02,03

------＋3865

**❹目　瞳→瞳のまわり→瞳の光**

⑥3865　②779 アウトライン・S

①310サテン・S

④03

③452　アウトライン・S

⑤3799

目のまわりを放射状に刺す

------＋3866

51

# ミニチュアシュナウザー ～ photo_6

糸　DMC25番刺繍糸
白3865/ グレー01,02,03,04,535,3799/ 黒310/ 茶色452,838,3371

**刺し方手順**

------＋ は最後に刺す。
（　）内は糸の本数。指定以外は1本どり、指定以外は
ロング＆ショート・S。実物大図案は p.50

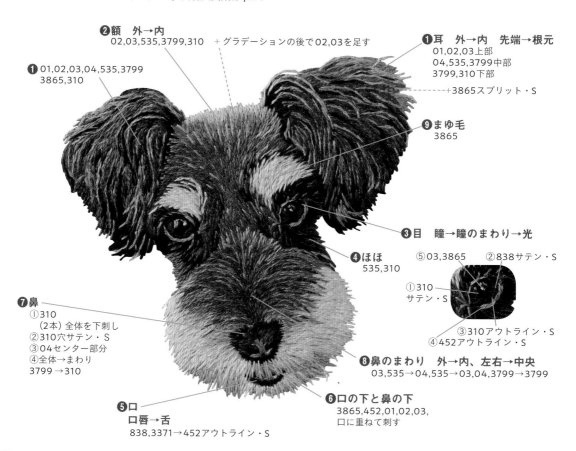

❷額　外→内
02,03,535,3799,310　　　＋ グラデーションの後で02,03を足す

❶ 01,02,03,04,535,3799
3865,310

❶耳　外→内　先端→根元
01,02,03上部
04,535,3799中部
3799,310下部
------＋3865スプリット・S

❾まゆ毛
3865

❸目　瞳→瞳のまわり→光

❹ほほ
535,310

⑤03,3865　　②838サテン・S

①310
サテン・S

③310アウトライン・S
④452アウトライン・S

❼鼻
①310
（2本）全体を下刺し
②310穴サテン・S
③04センター部分
④全体→まわり
3799→310

❽鼻のまわり　外→内、左右→中央
03,535→04,535→03,04,3799→3799

❺口
口唇→舌
838,3371→452アウトライン・S

❻口の下と鼻の下
3865,452,01,02,03,
口に重ねて刺す

52

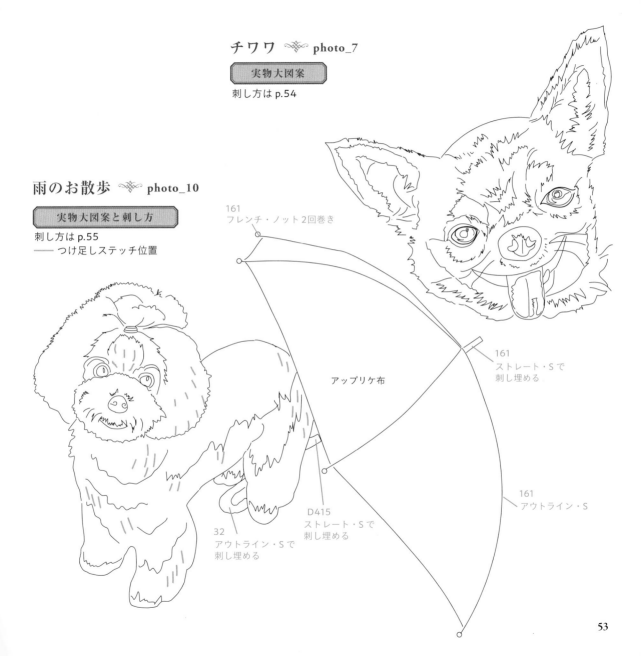

チワワ ❦ photo_7

実物大図案

刺し方は p.54

雨のお散歩 ❦ photo_10

実物大図案と刺し方

刺し方は p.55

—— つけ足しステッチ位置

161
フレンチ・ノット 2回巻き

アップリケ布

161
ストレート・Sで
刺し埋める

161
アウトライン・S

D415
ストレート・Sで
刺し埋める

32
アウトライン・Sで
刺し埋める

# チワワ ✦ photo_7

糸　DMC25番刺繍糸
白3865,822/ グレー02,03,317,3799,645/ 茶色739,738,453,3861,3860,3031/
黒310/ ピンク224,152,3722,3726,407

**刺し方手順**

（　）内は糸の本数。指定以外は1本どり、
指定以外はロング＆ショート・S。実物大図案は p.53

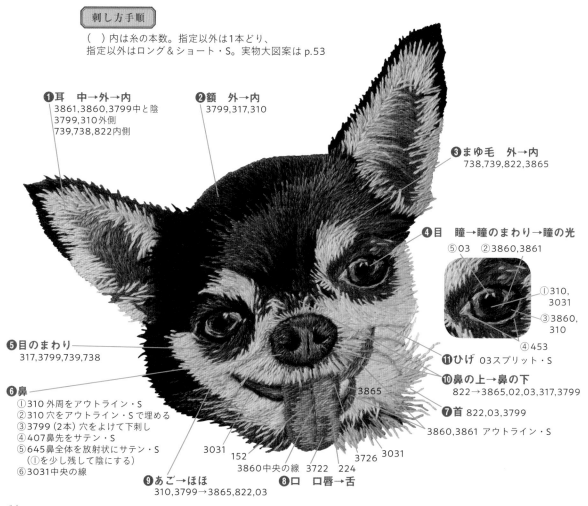

**❶耳　中→外→内**
3861,3860,3799中と陰
3799,310外側
739,738,822内側

**❷額　外→内**
3799,317,310

**❸まゆ毛　外→内**
738,739,822,3865

**❹目　瞳→瞳のまわり→瞳の光**
⑤03　②3860,3861
①310,3031
③3860,310
④453

**❺目のまわり**
317,3799,739,738

**❻鼻**
①310 外周をアウトライン・S
②310 穴をアウトライン・Sで埋める
③3799（2本）穴をよけて下刺し
④407鼻先をサテン・S
⑤645鼻全体を放射状にサテン・S
　（①を少し残して陰にする）
⑥3031中央の線

**⑪ひげ** 03スプリット・S

**⑩鼻の上→鼻の下**
822→3865,02,03,317,3799

**❼首** 822,03,3799
3860,3861 アウトライン・S

3865
3031
152
3860中央の線　3722　224　3726　3031

**❾あご→ほほ**
310,3799→3865,822,03

**❽口　口唇→舌**

54

# 雨のお散歩 ❀ photo_10

糸　　DMC25番刺繍糸
　　　グレー3799,648,646,645/ 黒310/
　　　茶色3861,779/ 白 BLANC/ ブルー161,32
　　　DMC ディアマント
　　　銀 D415
その他　アップリケ用布（ブルーむら染め）、両面接着芯、
　　　ピーシングペーパー

手順
１．犬を刺繍する。
２．傘をアップリケする（p.48）。
３．傘の柄を刺繍する。

**刺し方手順**

------+ は最後に刺す、つけ足しステッチ（p.42）。
（　）内は糸の本数。指定以外は２本どり、
指定以外はロング＆ショート・S。実物大図案は p.53

❺頭、耳、額→ゴム　外→内
646,645,3799

❻目（1本）　瞳→瞳のまわり→光

⑥648
アウトライン・S

③310 アウトライン・S

④648
アウトライン・S

①779
サテン・S

⑤BLANC
ストレート・S

②3861 ストレート・S

161 ストレート・S

❿全体に調子をつける
+648（1本）

❾鼻
3799 パデッド・サテン・S

❼口と舌
3799アウトライン・S
→3861サテン・S

❽口のまわりと鼻のまわり
648,646（ともに1本）→645

❹胴体　下→上
646,645,3799

❷後ろ足　先→つけ根
3799,645,646

❸前足
3799,645,646

❶足先（全部）
3799

55

# 紅葉の公園で ❀ photo_11

糸　　DMC25番刺繍糸
　　　茶色 3826,938,739,728,729,712/ 黒310/
　　　白 3865,BLANC/ グレー 168,3799/ 赤3831
手順
犬、葉の順に刺繍する。

実物大図案

刺し方手順　（ ）内は糸の本数。指定以外は2本どり、
　　　　　　　指定以外はロング＆ショート・S

❹額　外→内
712,739,3865

❸耳
陰→まわり
3799→
739,712
3865

❺目
瞳→瞳の光
310,BLANC(1本)
3799周囲

❽鼻
310 (1本)
外周を
スプリット・S
で下刺し
上から
サテン・S

❼鼻のまわり
712,739,3799

❻口
3799 (1本)
アウトライン・S

❶服
3826,
938

アウトライン・S
3826 (1本)

729

①728
サテン・S

サテン・S
729

②3826 (1本)
アウトライン・S
ストレート・S

アウトライン・S
(1本)

728

3831

❾足（全部）
先→つけ根
712,739 1本ずつ
引き揃えて二つ折り
4本どりでターキー・
ノットを3段
739 (2本) を引き揃え
て二つ折り。4本どりで
ターキー・ノットを3段

❷首輪とリード
310首輪、リード
168 (1本) 金具、
3799 (1本) 金具の陰

# 布団にかくれて ❀ photo_12

布団のアップリケの仕方
①奥の左右2枚の上辺の縫い代を
折り、まつる。
②中央布に切り込みを入れ、縫い
代を折り込み、青いラインに合わ
せて手前の端をまつる。
③タックを寄せながら数カ所縫い
とめ、奥をまつる。両わきの布端
はそのままで枠にはめて仕上げる。

布団の型紙　（ ）内は縫い代。200％拡大して使用

中央
カーブに切り込みを入れる

右奥

バイヤスにとる

(4)

左奥

(4)

(4)

(4)

56

# 布団にかくれて ✲ photo_12

-----+ は最後に刺す、つけ足しステッチ（p.42）。
（　）内は糸の本数。指定以外は2本どり、指定
以外はロング＆ショート・S

刺し方手順

糸　　DMC25番刺繍糸
　　　茶色3866,842,840,839,838/ 紫3861/
　　　グレー 414,413,3799/ 黄色437/ 白 BLANC
その他　コットン（花柄）20cm角、接着キルト綿（仕上げ
　　　用刺繍枠より大きいサイズ）

手順
1. 布のシーツ部分　の裏にキルト綿を
　　接着し、当て布を重ねて枠に張る。
2. ❶❷を刺繍する（上は青いラインまで）。
3. 犬を刺繍する。
4. 布団の布を、タックを寄せ
　　ながらまつる（p.56）。
5. 仕上げ用の枠に張り、
　　余った布は裏で
　　縫い縮める。

❹額　上→下
840→839→838

❼まゆ毛 842

+839（1本）

❷周囲の陰
838,414,413,3799

❸耳
838,839,
842,840

+842（1本）
スプリット・S

+437（1本）

❻鼻のまわり
842,3866

❺目と目のまわり
⑥ BLANC（1本）
①838

④3861
ストレート・S
放射状に刺す

+840（1本）　　+414（1本）　　+3861（1本）

❽鼻　①3861外周をスプリット・S
　　②3861中を縦横2回下刺し
　　③3861中央から左右にサテン・S
　　④838（1本）鼻の穴、中央の線
　　⑤839（1本）穴の線

❶シーツのライン
あご下の影
414,3799

❾前足
437,3866,3799爪,840

②3861（1本）
アウトライン・S

③838（1本）

⑤④の間から毛が生える
ように839（1本）ストレート・S

## 実物大図案と刺し方

―― つけ足しステッチ位置
　　裏にキルト綿を貼る

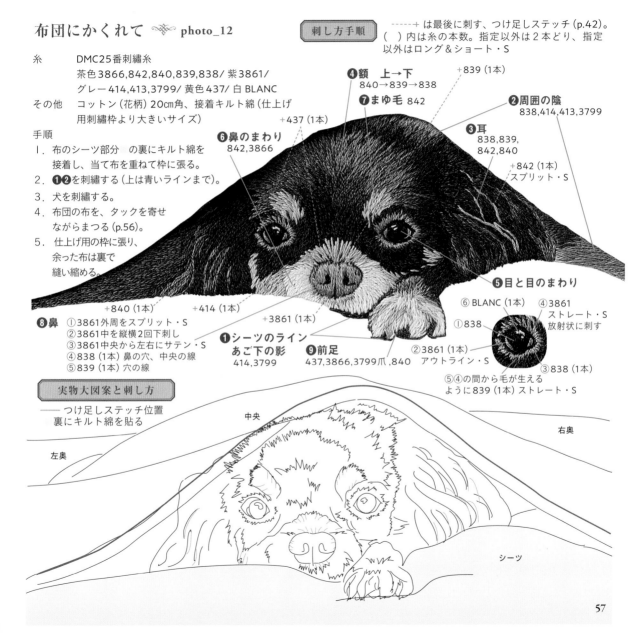

中央

右奥

左奥

シーツ

# バッグでおでかけ  ❀ photo_13

刺し方手順

-----+ は最後に刺す、つけ足しステッチ（p.42）。
（　）内は糸の本数。指定以外は2本どり、指定
以外はロング＆ショート・S

糸　　　DMC25番刺繍糸
　　　　ベージュ712,739,738,3863,840/ 茶色3031/
　　　　グレー04,3799/ 白BLANC/ 水色794/ 紺336
その他　アップリケ用布3種 5cm角2枚、20cm角1枚、ピーシングペーパー
　　　　両面接着芯、幅1cmのグログランリボン20cm、ほつれどめ液

手順
1. 両面接着芯を貼ったバッグの布に図案を
　 写し、アップリケする（p.48参照）。
2. 右の犬、左の犬の順で刺繍する。
3. リボンにほつれどめ液
　 をつけてまつり、バッグ
　 の縁、底を刺繍する。

❻両サイドと額
739,738
+3863（1本）

❼まゆ毛
3863,738

❽目と目のまわり
3799サテン・S
3031,BLANC 光

❾ほほ 712

❿鼻のまわり 739

⓬鼻 3799

⓫口 3031
+712（1本）

※❺〜⓬は p.40〜

❹胴体と首
840陰、739,738
+939（1本）
　+712（1本）

+712（1本）
スプリット・S

❸しっぽ　先→つけ根
738,3863

+712
スプリット・S

❺耳
739,
3031

❻額　外→内
712,739
　+738（1本）

❺耳　中の陰→外→内
3031→739,712

❼目　瞳→瞳の光
②3031 放射状に刺す
③BLANC

①3799サテン・S
+3863（1本）

❿鼻
3799 サテン・S

❾鼻のまわり 712

❽口
3031,3863+712（1本）

❹あご下　外→内
712（1本）→739

❶服
アップリケ（p.48）の
上からBLANC,336
アウトライン・S

❷後ろ足と2匹の間の影
738,840

❸前足　先→つけ根
739→712

+739（1本）

❶服（アップリケ）
（p.48）840
アウトライン・S

❷前足　先→つけ根
738→739

58

―― つけ足しステッチ位置
裏に接着芯を貼る

794 アウトライン・S

アップリケ布

アップリケ布

アップリケ布

リボン

リボン

04 アウトライン・S

59

早く行こうよ ❋ photo_14

糸　DMC25番刺繍糸
　　茶色839,840,841,842,3371,801/ グレー3799/
　　緑522/ 白BLANC

手順
１．犬を刺繍する。
２．リードを刺繍する。

━━ つけ足し
　　ステッチ位置

刺し方手順　------+ は最後に刺す、つけ足しステッチ（p.42）。
（　）内は糸の本数。指定以外は２本どり、
指定以外はロング＆ショート・S

+842（1本）まゆ毛
ストレート・S

❺奥の耳　801,840（1本）

❿鼻のまわり
841,839,840

❻額→頭　840,839

❾鼻
3799 サテン・S

⓫リード
ウィップド・チェーン・S
522

+842（1本）

❽目　瞳→瞳のまわり→光

①3799サテン・S
②801スプリット・S

❼手前の耳
①801でメインの毛を数本刺す
②間を埋めるように刺す
③3371で陰をところどころ刺す
④801を③の上に重ねてスプリット・S

④3371
（1本）
放射状に刺す

+801,840（1本）スプリット・S

❷しっぽ
840

⑤BLANC
（1本）

③BLANC
（1本）

❸胴体　おしりから首に向かって刺す
842,841,840,839

+839（1本）

❹前足
839,842,840,841

❶後ろ足
839,840

60

# 投げっこのあとは 〜 photo_15

糸　　　DMC25番刺繍糸
　　　　茶色 739,738,437,436,839,3371/ 青 793/
　　　　グレー 03,535,3799/ 黒 310/ ピンク 3688,451/ 白 BLANC
その他　アップリケ用コットン（青）5㎝角
　　　　両面接着芯、ピーシングペーパー
手順
1．ディスクをアップリケする（p.48）。
2．犬を刺繍する。

## 刺し方手順

　------+ は最後に刺す、つけ足しステッチ（p.42）。
（　）内は糸の本数。指定以外は2本どり、
指定以外はロング＆ショート・S

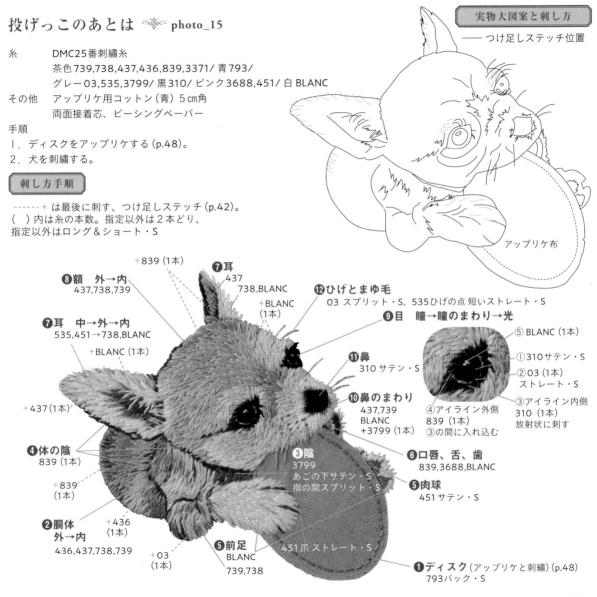

実物大図案と刺し方
―― つけ足しステッチ位置

アップリケ布

❽額　外→内
437,738,739

+839（1本）

❼耳　中→外→内
535,451→738,BLANC
+BLANC（1本）

❼耳
437
738,BLANC
+BLANC
（1本）

⓬ひげとまゆ毛
03 スプリット・S、535ひげの点 短いストレート・S

❾目　瞳→瞳のまわり→光
⑤ BLANC（1本）
①310サテン・S
②03（1本）
ストレート・S
③アイライン内側
310（1本）
放射状に刺す
④アイライン外側
839（1本）
③の間に入れ込む

⓫鼻
310 サテン・S

⓾鼻のまわり
437,739
BLANC
+3799（1本）

+437（1本）

❹体の陰
839（1本）

+839
（1本）

❷胴体
外→内
436,437,738,739

+436
（1本）

+03
（1本）

❺前足
BLANC
739,738

❸陰
3799
あごの下サテン・S
指の間スプリット・S

451爪 ストレート・S

❻口唇、舌、歯
839,3688,BLANC

❺肉球
451サテン・S

❶ディスク（アップリケと刺繍）（p.48）
793バック・S

61

# バギーで GO! ❀ photo_16

糸　　DMC25番刺繍糸
　　　茶系712,739,738,839,3863/ グレー646,645/ 黒310/
　　　オレンジ色3712/ 紫3860,3861/ ピンク778,3688/ 水色160,341
その他　アップリケ用コットン(ベージュ)12㎝角、両面接着芯
手順
1. 両面接着芯を貼ったバギー用の布に図案を写す。バギーから出ている犬の
　　頭部は、図案線の内側に沿って切り、アップリケする(p.48参照)。
2. 犬を刺繍する。
3. バギーの縁、フレームを刺繍する。

刺し方手順

------ + は最後に刺す、つけ足しス
テッチ(p.42)。( )内は糸の本数。
指定以外は2本どり、指定以外はロ
ング&ショート・S

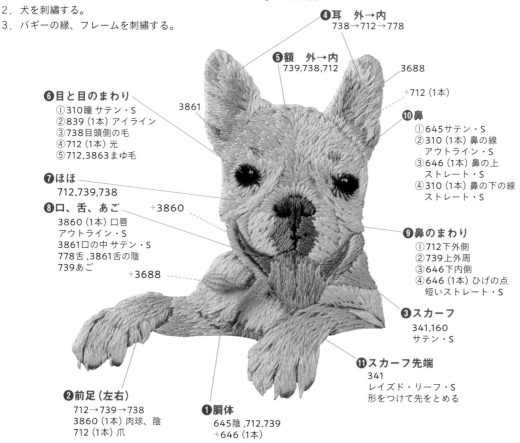

❹耳　外→内
738→712→778

❺額　外→内
739,738,712

3688

+712 (1本)

3861

❻目と目のまわり
①310瞳サテン・S
②839 (1本) アイライン
③738目頭側の毛
④712 (1本) 光
⑤712,3863まゆ毛

❿鼻
①645サテン・S
②310 (1本) 鼻の線
　アウトライン・S
③646 (1本) 鼻の上
　ストレート・S
④310 (1本) 鼻の下の線
　ストレート・S

❼ほほ
712,739,738

❽口、舌、あご
3860 (1本) 口唇
アウトライン・S
3861口の中 サテン・S
778舌 ,3861舌の陰
739あご

+3860

❾鼻のまわり
①712下外側
②739上外周
③646下内側
④646 (1本) ひげの点
　短いストレート・S

+3688

❸スカーフ
341,160
サテン・S

⓫スカーフ先端
341
レイズド・リーフ・S
形をつけて先をとめる

❷前足 (左右)
712→739→738
3860 (1本) 肉球、陰
712 (1本) 爪

❶胴体
645陰 ,712,739
+646 (1本)

62

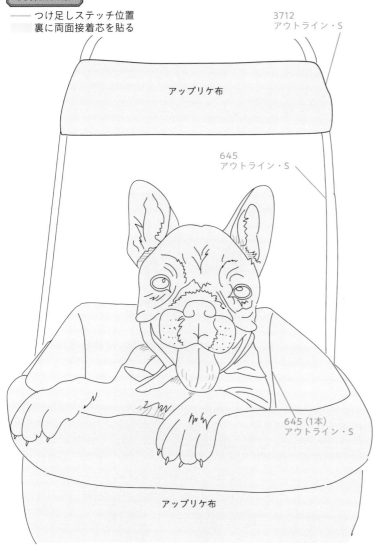

—— つけ足しステッチ位置
裏に両面接着芯を貼る

3712
アウトライン・S

アップリケ布

645
アウトライン・S

645 (1本)
アウトライン・S

アップリケ布

# 大好物の焼きいも ～～ photo_23

糸　DMC25番刺繍糸
　　茶色746,677,422/ 紫3803,154/
　　グレー646,644,3799/ 黄色3821

手順
1. 犬を刺繍する。
2. 焼きいもを刺繍する。

実物大図案　—— つけ足しステッチ位置
刺し方手順は p.64

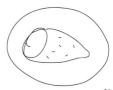

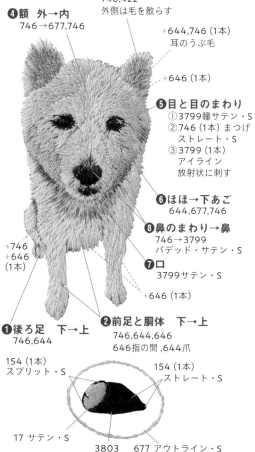

## 刺し方手順

------ ＋ は最後に刺す、
つけ足しステッチ (p.42)。
（ ）内は糸の本数。指定以外は 2 本どり、
指定以外はロング＆ショート・S

**❸耳 外→内**
746,422
外側は毛を散らす

**❹額 外→内**
746→677,746

＋644,746 (1本)
耳のうぶ毛

＋646 (1本)

**❺目と目のまわり**
①3799瞳サテン・S
②746 (1本) まつげ
ストレート・S
③3799 (1本)
アイライン
放射状に刺す

**❻ほほ→下あご**
644,677,746

**❽鼻のまわり→鼻**
746→3799
パデッド・サテン・S

**❼口**
3799サテン・S

＋746
＋646
(1本)

＋646 (1本)

**❶後ろ足 下→上**
746,644

**❷前足と胴体 下→上**
746,644,646
646指の間,644爪

154 (1本)
スプリット・S

154 (1本)
ストレート・S

17 サテン・S

3803　677 アウトライン・S

## 夏の小径 ✳ photo_22

糸　　DMC25番刺繍糸
茶色738,437,801,06/ グレー02,04,3799/ 黒310/
ピンク3688,315,33,153/ 白 BLANC/
緑502,501,3768,520,3012/ 黄色11,307

手順
１．犬を刺繍する。
２．花を刺繍する。

## 刺し方手順

------ ＋ は最後に刺す、つけ足しステッチ (p.42)。
（ ）内は糸の本数。指定以外は 2 本どり、
指定以外はロング＆ショート・S

**❹耳**
3799,310

＋801 (1本)

＋02 (1本)

＋3799 (1本)

**❺頭 額→まゆ毛**
437,738,3799

**❻目**
②310上のライン
①310瞳
③3799 (1本) 目のまわり
④ BLANC 光

**❼ほほ→下あご**
738→02
＋04 (1本)

**❽舌 口唇→舌**
3799→3688,315

**❾鼻のまわり→鼻**
04→3799
①3799 (1本)
外周を
スプリット・S
で下刺し
②上から3799
サテン・S

＋3799 (1本)

**❸胴体 おなか→首**
06,738,437
→04

＋02 (1本)

**❷前足 先→つけ根**
437,738

**❶後ろ足
先→ひざ**
437

＋3799爪、陰
ストレート・S

———— つけ足しステッチ位置

⓫**花心**
520 (2本) ,3012 (1本) 引き揃え、
フレンチ・ノット1回巻き
で刺し埋める

⓾**花びら**
153レイジー・デイジー・S、ストレート・S
→33 (1本) ストレート・S

⓬**茎と葉**
501アウトライン・S

502
サテン・S

⓮**花→花心**
11レイジー・デイジー・S
→307フレンチ・ノット1回巻き

⓭**葉**
3768アウトライン・S

⓯**つぼみ** 11フレンチ・ノット
3回巻き

# ペーパーをくわえて ✳ photo_17

糸　DMC25番刺繍糸
　　茶色738,437,436,938,840/
　　グレー03,04,535,3799/ 黒310/ 白BLANC
その他　アップリケ用コットン（白）5cm角
　　　　両面接着芯、ピーシングペーパー
手順
1．足と胴体を刺繍する。❶〜❺
2．トイレットペーパーをアップリケする（p.48）。❻
3．頭を刺繍する。❼〜⓭

------ + は最後に刺す、つけ足しステッチ（p.42）。
（ ）内は糸の本数。指定以外は2本どり、指定以
外はロング＆ショート・S。

刺し方手順

実物大図案
── つけ足しステッチ位置

⓾目　瞳→瞳のまわり→瞳の光
①938サテン・S
⑤BLANC（1本）
　ストレート・S
②BLANC（1本）
　アウトライン・S
③310（1本）
　アウトライン・S
④840
　放射状に刺す

❻ペーパー
（アップリケと刺繍）（p.48）
03（1本）
アウトライン・S
スプリット・S（細）

❼額　上→下
310,3799,
535,04

❾まゆ毛
436,738

❽耳
3799,04

⓬鼻のまわり
436,437,3799
+04（1本）

⓭鼻
535パデッド・
サテン・S

+BLANC
（1本）
ターキー・
ノット

⓫目の下とほほ
3799,310

+310（1本）
+738（1本）
スプリット・S

3799
アウトライン・S
04,535（1本）

❺前足
436→437

❹後ろ足
436,437,3799爪
+938（1本）

❸おしりとしっぽ
3799
+738（1本）
スプリット・S

❷前胴体　外→内
310→3799

❶後ろ胴体
310,840

66

# スリッパ大好き ❋ photo_18

糸　　DMC25番刺繍糸
　　　茶色712,739,738,437,436,3862,779,3031/ 白 BLANC
　　　グレー3799/ 黒310/ ピンク962/ ブルー3810,3809,3808,924
その他　アップリケ用フェルト（グレー）5㎝角1枚、ピーシングペーパー、手芸用綿
手順
１．犬を刺繍する。
２．クッションをアップリケする（p.48）。

実物大図案
―――― つけ足し
ステッチ位置

アップリケ布
3799
アウトライン・S

刺し方手順

------ + は最後に刺す、つけ足しステッチ（p.42）。
（　）内は糸の本数。指定以外は2本どり、
指定以外はロング＆ショート・S

**⑩額　外→内**
739→738→437

**⑭鼻のまわり**
712, 03（1本）ひげの点

**⑫口**
310陰→779,3031（ともに1本）口唇
→962舌→ BLANC（1本）歯

⑨

**⑮鼻**
①3031
ストレート・S
で下刺し
②3031サテン・S
③310穴
④310中央ストレート・S

779（1本）スプリット・S

**②右後ろ足　外→内**
739→3862

+712（1本）

**⑪目**（1本）
①3031
サテン・S
②310
③3031 放射状
にストレート・S
④ BLANC（1本）

**⑨耳　中→外**
436,739,712,436,437

**①左後ろ足　下→上**
437,738

**⑧首輪**
3810

**⑦胴体　外→内**
739,437,436

**③スリッパの甲**
バスケット・S 芯糸924（4本）はき口と平行
通す糸3809,3808,924 2本ずつ6本どり

**⑥胸**　739,738

**⑬スリッパの底**
3808

**⑤右前足　先→つけ根**
739,738,437

**④左前足　先→つけ根**
739,437,738

+3862（1本）陰

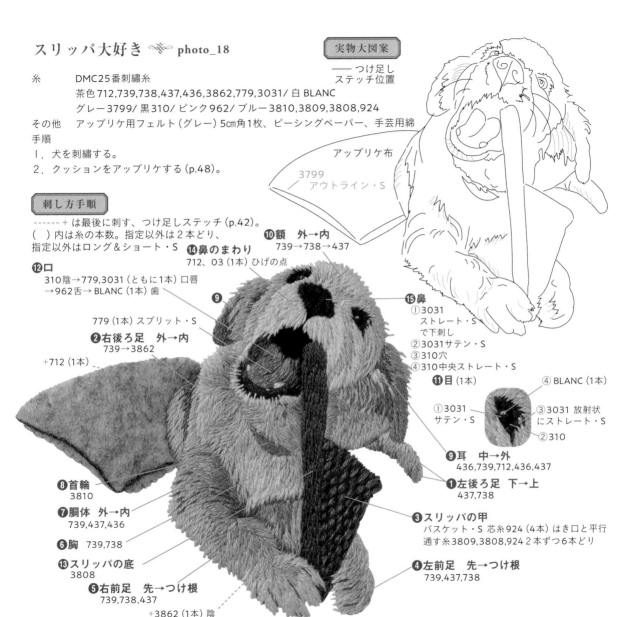

## 小鳥のさえずり ❈ photo_24

糸　　DMC25番刺繍糸
　　　白3866,744/ 茶色3863,898,3371/
　　　グレー3799/ 青3809

手順
１．犬を刺繍する。
２．鳥と鳥かごを刺繍する。

実物大図案と刺し方

（　）内は糸の本数。指定以外は２本どり

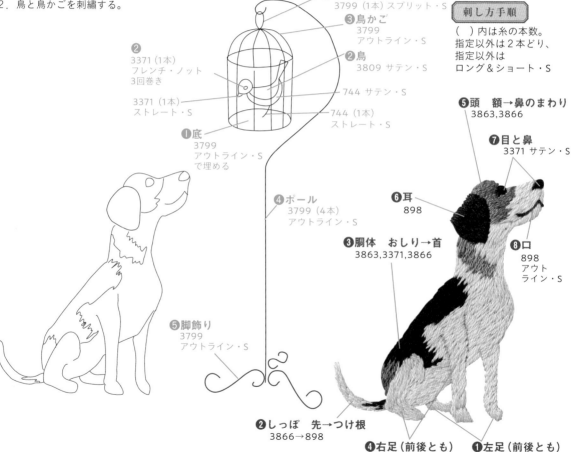

❺つり輪
3799 (1本) スプリット・S

❸鳥かご
3799
アウトライン・S

❷ 鳥
3809 サテン・S

❷
3371 (1本)
フレンチ・ノット
3回巻き

3371 (1本)
ストレート・S

744 サテン・S

744 (1本)
ストレート・S

❶底
3799
アウトライン・S
で埋める

❹ポール
3799 (4本)
アウトライン・S

刺し方手順

（　）内は糸の本数。
指定以外は２本どり、
指定以外は
ロング＆ショート・S

❺頭　額→鼻のまわり
3863,3866

❼目と鼻
3371 サテン・S

❻耳
898

❸胴体　おしり→首
3863,3371,3866

❽口
898
アウト
ライン・S

❺脚飾り
3799
アウトライン・S

❷しっぽ　先→つけ根
3866→898

❹右足 (前後とも)
先→つけ根 3866

❶左足 (前後とも)
先→つけ根 3866

68

# くんくんいい匂い ✼ photo_19

糸　　DMC25番刺繍糸
　　　茶色 3864,3863,3862,839/ グレー3799,04,535/
　　　白 BLANC/ 黄緑 3348,988
その他　アップリケ用コットン (水色) 10㎝角
　　　両面接着芯、ピーシングペーパー

手順
1. 椅子のアップリケをする (p.48)。
2. 犬を刺繍する。
3. りんごを刺繍する。

実物大図案と刺し方

❽**りんご**
①3348 (1本) 外周をスプリット・S
②中をストレート・S で下刺し
③3348,988サテン・S

3862 スプリット・S

刺し方手順　( ) 内は糸の本数。指定以外は2本どり、
　　　　　　　　　指定以外はロング＆ショート・S

❺**額　外→内**
3864→3863→3862

❹**耳　外→内**
3864→3864,3863

❸**耳の陰** 839

❼**前足　外→内**
3864,3863

❻**目と鼻**
3799,839 (1本) 陰

+839 (1本)
BLANC (1本)
スプリット・S

04 (1本)
サテン・S、
スプリット・S

❷**後ろ足→しっぽ→胴体**
3862,3864,3863

❶**椅子** (アップリケと刺繍)
535 (1本) スプリット・S

# 真夏の夜の夢 ✳ photo_20

## 実物大図案と刺し方

3024
ストレート・S

糸　　DMC25番刺繍糸
　　　白3865,3024/ グレー3799/ 茶色09,3861/ 青3809,3849/
　　　オレンジ色352,3328/ 黄色744
　　　DMC ディアマント
　　　銀 D415
その他　アップリケ用コットン（白）15㎝角、両面接着芯

手順
1. 両面接着芯を裏に貼った木馬用
　 の布に図案を写し、アップリケ
　 をする（p.48）。
2. 木馬の飾り、月と星を刺繍する。
3. 犬を刺繍する。

D415（2本）を3024（1本）で
コーチング・S

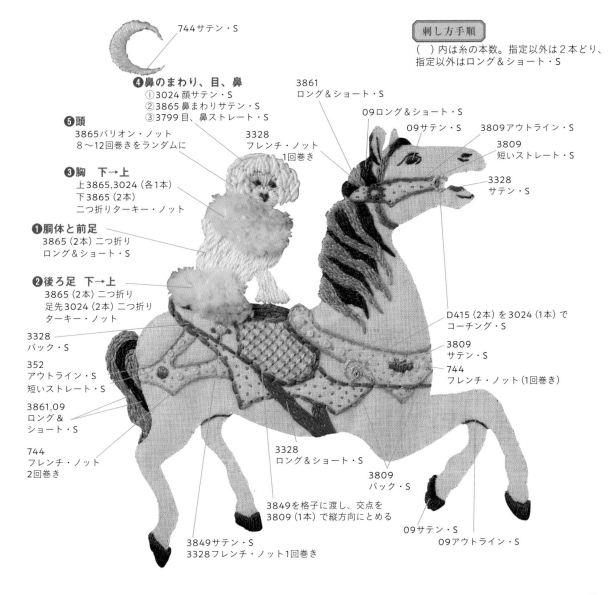

744サテン・S

刺し方手順
（　）内は糸の本数。指定以外は2本どり、
指定以外はロング＆ショート・S

❹鼻のまわり、目、鼻
　①3024 顔サテン・S
　②3865 鼻まわりサテン・S
　③3799 目、鼻ストレート・S

❺頭
　3865バリオン・ノット
　8〜12回巻きをランダムに

❸胸　下→上
　上3865,3024（各1本）
　下3865（2本）
　二つ折りターキー・ノット

❶胴体と前足
　3865（2本）二つ折り
　ロング＆ショート・S

❷後ろ足　下→上
　3865（2本）二つ折り
　足先3024（2本）二つ折り
　ターキー・ノット

3328
バック・S

352
アウトライン・S
短いストレート・S

3861,09
ロング＆
ショート・S

744
フレンチ・ノット
2回巻き

3861
ロング＆ショート・S

09ロング＆ショート・S

09サテン・S

3809アウトライン・S

3809
短いストレート・S

3328
サテン・S

3328
フレンチ・ノット
1回巻き

D415（2本）を3024（1本）で
コーチング・S

3809
サテン・S

744
フレンチ・ノット（1回巻き）

3328
ロング＆ショート・S

3809
バック・S

3849を格子に渡し、交点を
3809（1本）で縦方向にとめる

09サテン・S

09アウトライン・S

3849サテン・S
3328フレンチ・ノット1回巻き

71

# メリークリスマス ✤ photo_21

**刺し方手順**

------ + は最後に刺す、つけ足しステッチ (p.42)。
（ ）内は糸の本数。指定以外は2本どり、
指定以外はロング＆ショート・S

糸　　　DMC25番刺繍糸
　　　　茶色 712,738,437,434,433,3371,3861,642/ 黄色 744/
　　　　グレー 04,3799/ 黒 310/ 白 BLANC/ 赤 309/ 紫 29/ 緑 520
　　　　DMC ディアマント　金 D3852
その他　アップリケ用フェルト（白、茶色）、丸小ビーズ（ゴールド）4個、ピーシングペーパー
手順
1．椅子を刺繍する。❶
2．犬を刺繍する。❷〜⓬
3．ケーキを刺繍する（アップリケは p.48）。⓭〜⓱
4．テーブルとオーナメントを刺繍する。⓲

⓵額→まゆ毛→目のまわり
3799→434→3799

❾目 (1本)　瞳→瞳のまわり→光
①瞳 3371
②3861
⑤BLANC
③310
④04

⓬帽子　本体→縁とボンボン
309→BLANC ターキー・ノット

❼頭の両わきの陰　310

❽耳
04→310,3799
04で数本カーブをつけながら
アウトライン・Sで刺し、間を埋める
+310 (1本) 遊び毛 スプリット・S

⓫鼻のまわり→鼻
434+712 (1本)
+3371 (1本)
+04 (1本)
鼻は3799パデッド・サテン・S

❻口まわり
3371口の線、437+712 (1本) 下あご

❺あごひげ　434+712 (1本) スプリット・S

❹首の陰　3371

❶椅子
642
背もたれはサテン・S

❸胸　433

❷服　309

⓭皿
744
アウトライン・S

⓱ツリー　幹→葉
433→520 サテン・S
丸小ビーズ（ゴールド）

⓯クリーム（アップリケ）

⓰ベリー
29
フレンチ・ノット 2回巻き
309 (4本)
フレンチ・ノット 1回巻き

⓮スポンジ　下→上
738→BLANC→738
チェーン・S

72

―― つけ足しステッチ位置
（　）内は糸の本数、指定以外は2本どり。

BLANC（6本）のチェーン・S
と309（4本）で
ウィップド・チェーン・S

642 アウトライン・S

**⓲テーブルとオーナメント**（アップリケと刺繍）

3371 ストレート・S
D3852（1本）輪状に通す

520 アウトライン・S

309 アウトライン・S

642 リブド・スパイダーズ・
ウェブ・Sを往復して刺す

309 ストレート・S

茶色フェルトアップリケ

744 サテン・S

642,712
2本ずつ引き揃えて
チェーン・S

642 アウトライン・S

73

# 水浴び最高！　✎ photo_25

糸　DMC25番刺繍糸
　　茶色738,436,434/ グレー3799,762/
　　ピンク3726,3609,3607/ 緑704,905/
　　水色597,3808,3753/ 白 BLANC

手順
1．犬を刺繍する。
2．草花とホース、
　　水を刺繍する。
3．水滴を刺繍する。

**実物大図案**
―― つけ足しステッチ位置

**刺し方手順**
------ + は最後に刺す、つけ足しステッチ (p.42)。
（　）内は糸の本数。指定以外は2本どり、
指定以外はロング＆ショート・S

❼額　738,436
+436 (1本)
+434 (1本)

❽鼻と目　3799 サテン・S
❾歯、口の中、口唇、舌
3799口の中サテン・S →3726舌
サテン・S →3799口唇アウトライ
ン・S → BLANC 歯ストレート・S

❻耳　外→内
434→3799

❺首輪
597,3808
同色1本でスプリット・S
上からサテン・S

3753 アウトライン・S

❷胴体としっぽ
3799,738,434

❹胸元、右前足
3799,738,434

+738
(1本)

❸左前足
434,738,436

+434
(1本)

3607ストレート・S

3609ストレート・S

905
アウトライン・S

704
アウトライン・S

704レイジー・デイジー・S

❶足
先→つけ根
434,436,3799爪

水滴
3753,762
フレンチ・ノット
大2回巻き
小1回巻き

**水**
BLANC ランニング・S
+597 (1本)
重ねてランニング・S

**ホース**
3808

74

# エコバッグ ❖ photo_29

糸　　　DMC25番刺繡糸
　　　　青924/ 緑3847
その他　市販のリネンバッグ横45㎝×縦34㎝

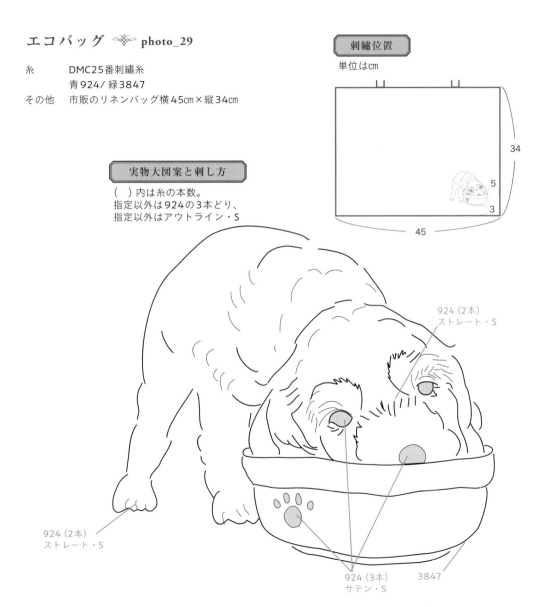

**実物大図案と刺し方**

（ ）内は糸の本数。
指定以外は924の3本どり、
指定以外はアウトライン・S

34

5

3

45

924（2本）
ストレート・S

924（2本）
ストレート・S

924（3本）
サテン・S

3847

# ミニトートバッグ ✺ photo_26

糸　　アップルトン クルウェルウール
　　　茶色584
　　　DMC25番刺繍糸
　　　茶色3371
その他　表布用リネン2枚　横27cm×縦35cm
　　　裏布用コットン2枚　横27cm×縦35cm

口布用リネン2枚　横27cm×縦8cm
飾り布用ウール左右各2枚（図参照）
持ち手幅1cmの革の持ち手 長さ40cm1組

手順
1．犬を刺繍する。
2．バッグを仕立てる。

**実物大図案と刺し方**

（　）内は糸の本数。指定以外はウール糸1本どりでアウトライ
ン・S。ウール糸は毛羽立ちやすいので、短めにカットして使う

サテン・S

ひげ
25番刺繍糸
3371（2本）
スプリット・S

ストレート・S

フレンチ・ノット1回巻き

単位はcm
（ ）内は縫い代

1. 飾り布に縫い代を1cmつけて裁つ。

飾り布

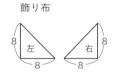

2. 表布1枚に刺繍をする。

3. 飾り布の斜辺の縫い代をアイロンで折り、表布に重ねて縫う。2枚作る。

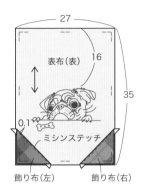

飾り布(左)　　飾り布(右)

4. 口布の長辺を1カ所折ってアイロンをかけ、裏布に重ねて縫う。2枚作る。

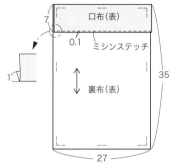

5. 表布どうし、裏布どうしを中表に重ね、底を縫う。

6. 表布と裏布を中表に重ね、入れ口を縫う。

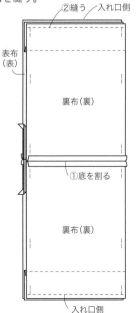

7. 6をたたみ直して、表布どうし、裏布どうしを中表に合わせ、返し口をあけて両わきを縫う。

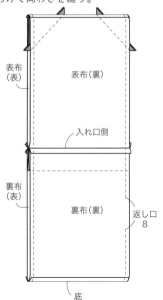

8. 返し口から表に返して表袋の中に裏袋を入れ、入れ口をぐるりと縫う。

9. 持ち手をつける。

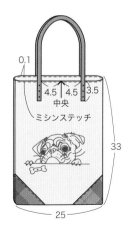

# バネポーチ ❖ photo_27

糸　　DMC25番刺繍糸
　　　**a** 水色159　**b** 茶色09
その他　表布用リネン２枚　横18cm×縦31cm　**a** 紫　**b** ブルー
　　　底布用ウール２枚　横18cm×縦12cm　**a** 紫　**b** ライトブラウン
　　　口布用リネン２枚　横19cm×縦6cm　**a** 紫　**b** ブルー
　　　裏布用コットン２枚　横18cm×縦31cm
　　　タブ用スエード1.5cm×7cm
　　　バネ金具 長さ15cm（幅15mm）

**a 実物大図案と刺し方**
159の2本どり、指定以外はアウトライン・S

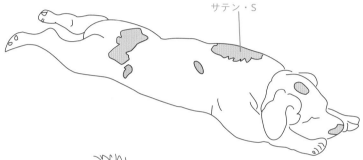

サテン・S

**b 実物大図案と刺し方**
09の2本どり、指定以外はアウトライン・S

サテン・S

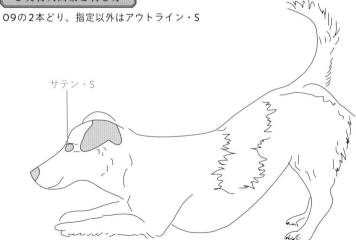

単位はcm
（ ）内は縫い代

**1. 口布をバネ金具の幅に合わせて縫う。**

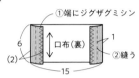

①端にジグザグミシン
6
口布（裏）
1
（2）
②縫う
15

**2. 底布の縫い代を折ってアイロンをかけ、表布に重ねて縫う。**

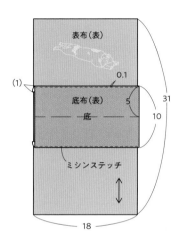

表布（表）
（1）
0.1
底布（表）
5
底
31
10
ミシンステッチ
18

**3. 裏布と口布を中表に重ねて縫い、縫い代を割る。**

1.5
（1）
1.5
口布（裏）
裏布（表）
口布（裏）
18

**4. 2に3を中表に重ね、表布と口布を縫う。**

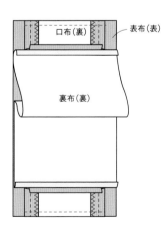

口布（裏）
表布（表）
裏布（裏）

**5. 4をたたみ直して、表布どうし、裏布どうしを中表に合わせ、タブをはさんで両わきを縫う。**

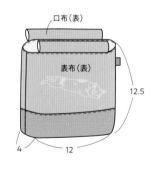

裏布（裏）
4
**6. まちをたたんで縫う。**

二つ折りのタブをはさむ
縫い代を割る
表布（裏）
1
裏布のまちと同様に縫う

**7. 口布のすき間から表に返し、表袋の中に裏袋を入れる。入れ口を縫う。**

口布（表）
表布（表）
12.5
4
12

**8. 口布にバネ金具を通す。**

# がま口バッグ ❀ photo_31

糸　　　DMC25番刺繍糸
　　　　グレー3799/ ピンク223
　　　　DMC5番刺繍糸
　　　　ピンク223
その他　表布用リネン　横24cm×縦35cm　1枚
　　　　裏布用コットン　横24cm×縦35cm　1枚
　　　　ポケット布用コットン　横16cm×縦16cm　1枚
　　　　木製がま口　幅20cm（外径）

手順
1．犬、カートの順に刺繍する。
2．バッグを仕立てる。

型紙
（140% 拡大して使用）

実物大図案と刺し方

（）内は糸の本数。指定以外は3799（2本）、
指定以外はアウトライン・S

5番223（1本）を
25番223（1本）で
互い違いにコーチング・Sし、
3本並べる

陰（1本）ストレート・S

陰と額
（1本）ストレート・S

（1本）
ストレート・S

（2本）
サテン・S

目　サテン・S

鼻
パデッド・サテン・S
外周を（1本）で
スプリット・S
上から（2本）で
サテン・S

底（わ）

5番223（2本）を
25番223（1本）で
2本まとめてコーチング・S

5番223（1本）を
25番223（1本）で
コーチング・S

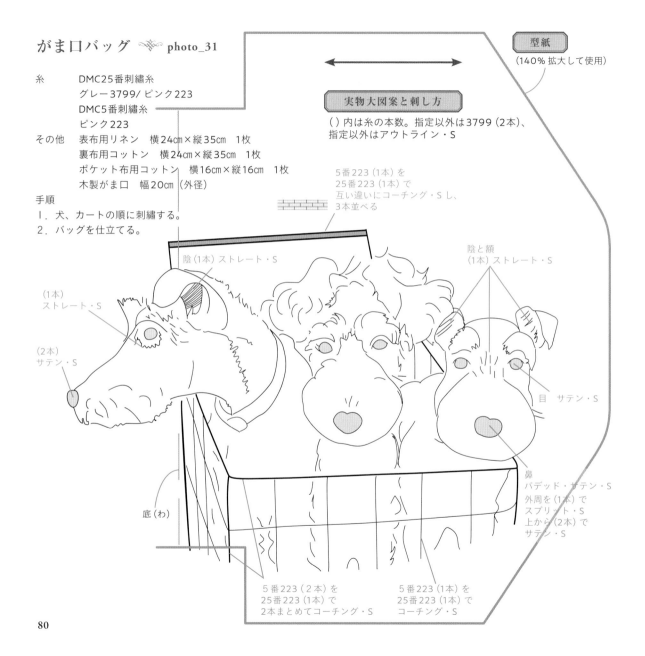

単位はcm
（　）内は縫い代

1. 表布に刺繡し、縫い代をつけて
切る。

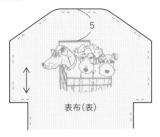

5

表布(表)

2. ポケットを中表に二つ折りにし、
返し口を残して縫う。

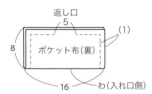

返し口
5
(1)
8
ポケット布(裏)
16
わ(入れ口側)

3. 2を表に返し、裏布の指定の位置
に縫いつける。

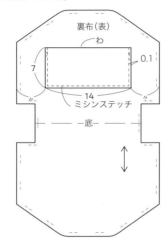

裏布(表)
わ
0.1
7
14
ミシンステッチ
底

4. 表布裏布をそれぞれ底で中表に
二つ折りにし、両わきを縫う。

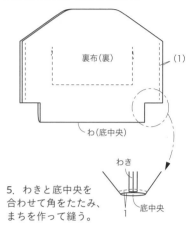

裏布(裏)
(1)
わ(底中央)
わき
底中央
1

5. わきと底中央を
合わせて角をたたみ、
まちを作って縫う。

6. 表布と裏布を、縫い代をととの
えながら中表に重ね、返し口を残し
て入れ口を縫う。

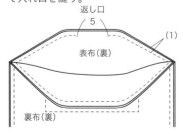

返し口
5
(1)
表布(裏)
裏布(裏)

7. 返し口から表に返し、縫い代を
折り込んで入れ口を1周縫う。

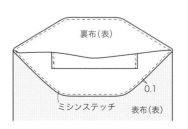

裏布(表)
0.1
ミシンステッチ
表布(表)

8. 裏布の口側にコードを縫いつけ
る。がま口の溝に接着剤をつけ、目
打ちで入れ口を押し込む。

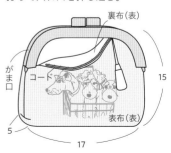

裏布(表)
がま口
コード
15
5
表布(表)
17

# クッション ❧ photo_32

糸　　DMC25番刺繍糸
　　　茶色 938/ 黒 310/ 紫 792/ 白 BLANC
　　　DMC ディアマント　銀 D415
その他　本体（前）用リネン　横38cm×縦28cm 1枚
　　　本体（後ろA）用リネン　横35cm×縦28cm 1枚
　　　本体（後ろB）用ローン（チェック）　横15cm×縦28cm 1枚
　　　リボン（前）用ローン（チェック）　横37cm×縦12cm 2枚
　　　リボン（後ろ）用ローン（チェック）　横34cm×縦12cm 2枚
　　　ヌードクッション（33cm×26cm）

手順
1. 本体（前）に刺繍する。
2. クッションを仕立てる。

## 実物大図案と刺し方

（　）内は糸の本数。
指定以外は938（2本）、
指定以外はアウトライン・S

310 サテン・S

BLANC（1本）
ストレート・S

310鼻
パデッド・サテン・S

外周を（1本）で
スプリット・S
上から（2本）でサテ
ン・S

D415（2本）
アウトライン・S

792
芯糸、通す糸ともに（2本）
リブド・スパイダーズ・
ウェブ・S を往復して刺す

938（3本）

【裁ち方】

単位はcm
( ) 内は縫い代

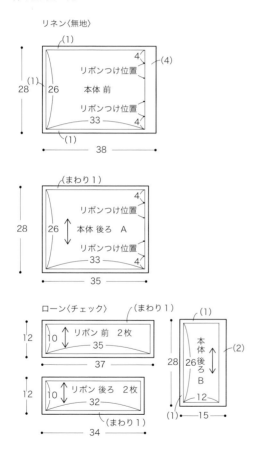

リネン〈無地〉
(1)
28
(1)
26
4
(4)
リボンつけ位置
本体 前
リボンつけ位置
33
4
(1)
38

(まわり1)
28
26
4
リボンつけ位置
本体 後ろ A
リボンつけ位置
33
4
35

ローン〈チェック〉 (まわり1)
12
10
リボン 前 2枚
35
37

12
10
リボン 後ろ 2枚
32
(まわり1)
34

(1)
28
26
本体
後ろ
B
(2)
(1)
12
15

【作り方】

1. 本体 前に刺繍する。刺繍位置は p.84参照。

2. リボンを中表に折り、2辺を縫って表に返す。同様に前後4本作る。

わ

3. 本体 前と後ろにそれぞれリボンをつける。

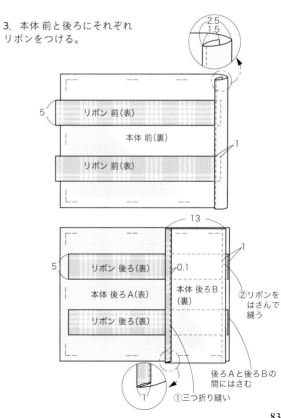

2.5
1.5
5
リボン 前(表)
本体 前(裏)
リボン 前(表)
1

13
5
リボン 後ろ(表)
0.1
本体 後ろA(表)
本体 後ろB
(裏)
リボン 後ろ(表)
1
②リボンをはさんで縫う
後ろAと後ろBの間にはさむ
①三つ折り縫い
1

3. 開いた本体後ろに本体前を中表に重ね、後ろB
とリボンを折り返して3方を縫う。

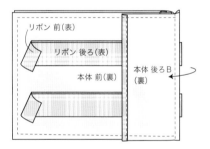

本体 後ろA（表）
リボン 前（表）
本体 前（裏）
リボン 前（表）
本体 後ろB（表）

リボン 前（表）
リボン 後ろ（表）
本体 前（裏）
本体 後ろB（裏）

4. 表に返してできあがり。

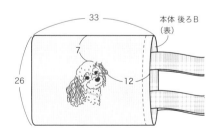

本体 後ろB（表）
33
7
12
26

# 布箱 ✻ photo_33

糸　　DMC25番刺繍糸
　　　黒310/ ピンク761

その他　ふたつきの四角い紙箱、ふた布用リネン（白）適量
　　　側面布用リネン（ストライプ）適量
　　　底布用リネン（ストライプ）適量
　　　ふた用フラワーブレード、キルト綿（大、小）各適量
　　　ふたの高さのグログランリボン（本体外周 +1cm）
　　　ふた用ケント紙（[ふたの高さ-1cm]×本体外周）
　　　本体用幅0.5cmのグログランリボン（本体側面の内径 +1cm）
　　　底用ケント紙（底より周囲0.2cm小さいサイズ）、ほつれどめ液

手順
1. 犬を刺繍する。
2. 箱に布を貼る。

**実物大図案と刺し方**

指定以外310、
（ ）内は糸の本数

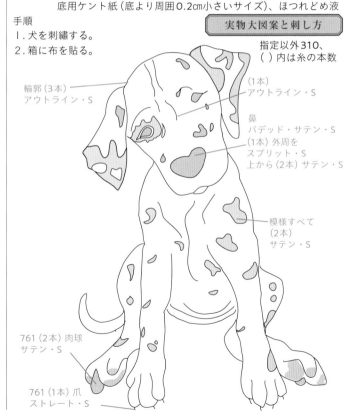

輪郭（3本）
アウトライン・S

（1本）
アウトライン・S

鼻
パデッド・サテン・S
（1本）外周を
スプリット・S
上から（2本）サテン・S

模様すべて
（2本）
サテン・S

761（2本）肉球
サテン・S

761（1本）爪
ストレート・S

1. ふた布中央に刺繍し、箱のふたの
サイズより縦横3cm大きく布を切る。

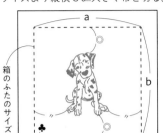

箱のふたのサイズ

a

b

（3）

2. ふたの上面に両面テープを貼る。

c

箱のふた　　両面テープ

3. キルト綿（小）（大）を貼り、側面
に両面テープを貼る。

キルト綿（小）ふたより0.5cm小さく
キルト綿（大）ふたより0.2cm小さく

両面テープ

4. 3に1の布をかぶせて貼り、角をたたんでカットし、折り込む。

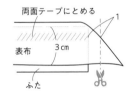

両面テープにとめる

表布

3cm

ふた

1

向こうに折って下に入れ込む

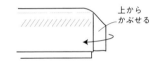

上から
かぶせる

布を1cm程度にカット

1

5. 布の段差を消すために、側面にケント紙を1周貼る。上からリボンを1周貼り、フラワーブレードを縁に1周貼る。

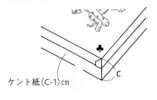

ケント紙（C-1）cm

c

リボン　　ほつれどめ液

フラワーブレード

6. 本体の長さを測って側面布を切り、本体側面に貼る

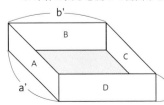

b'

B

A

C

a'

D

c'

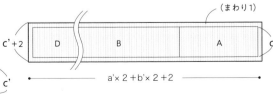

（まわり1）

c'+2

D　　B　　A

c'

a'×2 +b'×2 +2

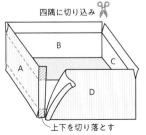

四隅に切り込み

B

A

C

D

上下を切り落とす

7. 本体側面を内側に折り込み接着剤で貼る。境目に上からリボンを張る。

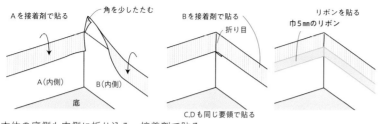

A を接着剤で貼る

角を少したたむ

A（内側）　B（内側）

底

B を接着剤で貼る

折り目

C,D も同じ要領で貼る

リボンを貼る

巾5mmのリボン

8. 本体の底側も内側に折り込み、接着剤で貼る。

底を折り込み接着剤で貼る。
角は立たせてからカットする。

底

底

9. ケント紙を底に合わせて切る。底布を折り代を1cmとって切り、ケント紙に接着剤で貼って折り代を裏に折る。

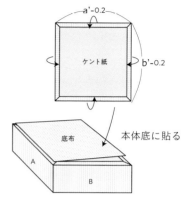

a'-0.2

ケント紙

b'-0.2

底布

A

B

本体底に貼る

# 折りたたみポーチ　photo_30

| 糸 | DMC25番刺繍糸 |
| --- | --- |
| | 白 ECRU |
| その他 | 表布用リネン 22cm×37.5cm 1枚 |
| | 裏布用リネン 22cm×37.5cm 1枚 |
| | 接着芯 20cm×35.5cm |
| 革ひも | 長さ80cm（幅5mm） |

仕立て方

単位はcm。（ ）内は縫い代

1. 表布に刺繍する。
2. 表布と裏布を中表に合わせ、返し口を残して縫う。

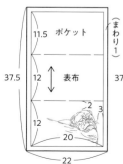

11.5　ポケット　（まわり1）

37.5　12　表布

12

2　3

20

22

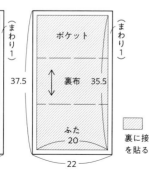

ポケット　（まわり1）

裏布　35.5

37.5　12

ふた

20

22

裏に接着芯を貼る

ふた

裏布（裏）

ポケット

返し口8

3. 表に返して、返し口をとじる。

ふた

裏布（表）

返し口

4. 革ひもの中央をとめる。ポケット部分を折り返して、両わきをコの字とじでとじる。

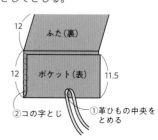

12　ふた（裏）

12　ポケット（表）　11.5

②コの字とじ　①革ひもの中央をとめる

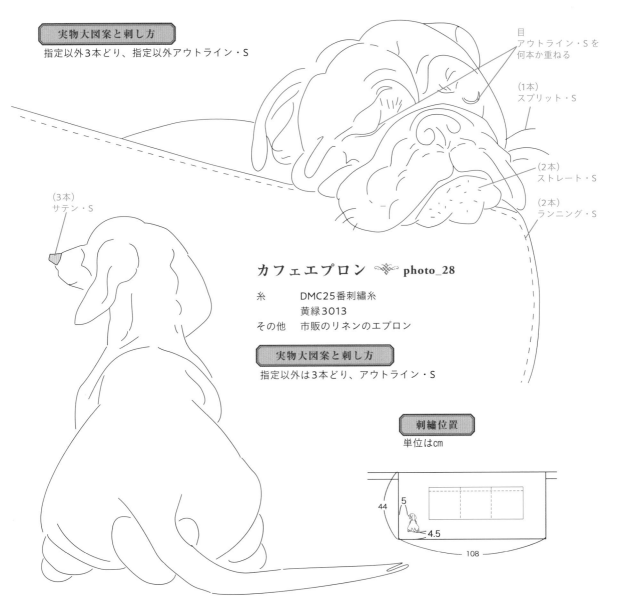

指定以外3本どり、指定以外アウトライン・S

目
アウトライン・S を
何本か重ねる

(1本)
スプリット・S

(2本)
ストレート・S

(2本)
ランニング・S

(3本)
サテン・S

## カフェエプロン　photo_28

糸　　　DMC25番刺繍糸
　　　　黄緑3013
その他　市販のリネンのエプロン

実物大図案と刺し方

指定以外は3本どり、アウトライン・S

刺繍位置

単位はcm

44
5
4.5
108

## 紳士 ❀ photo_34

糸　DMC25番刺繍糸
　　茶色738,739,437,3862,898,3371/ 紫452/ グレー646,3799/ 白 BLANC
その他　帽子、ジャケット用フェルト（黒）8㎝角、帽子、えり用幅3㎝のサテンリボン（黒）10㎝
　　　　蝶ネクタイ用幅0.5㎝のサテンリボン（黒）7㎝、ブラウス用幅1.6㎝のサテンリボン（白）11㎝
　　　　ステッキ用直径2㎜のワイヤー（茶）7㎝
　　　　両面接着芯、ピーシングペーパー

**刺し方手順**

　------ + は最後にスプリット・Sで
　毛を足す。指定以外は1本どり、指
　定以外はロング＆ショート・S

❷目　瞳→瞳のまわり→光→まつ毛

⑥739
①3371
⑤BLANC
②3862
アウトライン・S
③BLANC,452
アウトライン・S
④3799
+3862
スプリット・S
目のまわりを放射状に刺す

❸まゆ毛
739,898

❹ほほ　目の外側とほほ
739,738,437,3862,898

❶耳　耳の陰→耳
3371→646,3799,738,3862
+739スプリット・S

❺首
739,738,3862

❻鼻のまわり
①上3862、下739
外周をスプリット・Sで下刺し
3862陰
②眉間　上→下
898,3862,739
③中央部分
739,437
④鼻の上
3862

❽鼻の上の毛
738鼻表面、3862鼻すじ
ターキー・ノット(p.47-9,10)

❼鼻
パデッド・サテン・S
①3799外周を
　スプリット・Sで下刺し
②3799（2本）横方向下刺し
③3799縦方向サテン・S
④452光　ストレート・S

88

手順
1. 犬を刺繍する。
2. 帽子をアップリケする (p.48)。
3. ジャケットをアップリケする (p.48)。
4. ブラウスと蝶ネクタイを作ってつける。
5. ステッキを作ってつける。

――― フェルト
――― リボン
• ターキー・ノットの位置

**洋服の仕立て方**

2. **帽子**
　フェルトを赤のラインで切る。リボンに両面接着芯を貼
　り、青のラインで切る。リボンをクラウンに重ねて貼り、
　クラウンの上にブリムを重ねてまつる。

3. **ジャケット**
　フェルトを赤のラインで切る。えり用リボンに両面接着
　芯を貼り、青のラインで切る。えりをフェルトに重ねて
　貼り、ジャケットをまつる。

4. **ブラウス**

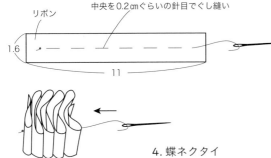

リボン
中央を0.2㎝ぐらいの針目でぐし縫い
1.6
11

絞ってひだをよせる

左右に振り分けながら
まつる

4. **蝶ネクタイ**

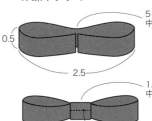

5㎝のリボンを
中央で合わせる
0.5
2.5

1.5㎝のリボンで
中央を巻く

まつる

5. **ステッキ**

ワイヤーに糸を巻いて貼りつ
け、最後に持ち手を曲げる

アルミワイヤー

ワイヤーに
接着剤を塗って
糸を巻く

# 貴婦人 ✤ photo_35

糸　　　DMC25番刺繍糸
　　　　グレー3024,645,646,648,317,3799/ 黒310/
　　　　紫3860/ 茶色3021,06,07,08/ 白BLANC
その他　ドレス用服地（ピンク）10㎝角
　　　　飾り用幅2㎝のレースリボン14㎝
　　　　ネックレス用直径2㎜のパールビーズ（白）15個

刺し方手順
------+ はスプリット・Sでカールした毛を刺す。
（　）内は糸の本数。指定以外は1本どり、
指定以外はロング＆ショート・S

**❶耳**
①右耳　内側→外側→縁
3021,3860→3021,645→3024
②左耳　内側→外側→縁と光（内側）
3021,3860→648,646,645→3024

**❸額　外→内**
646外周を
スプリット・Sで下刺し
645→648

3021

**❹目　瞳→瞳のまわり→光→まゆ毛**
⑥648　⑤BLANC
①310
サテン・S
②317
サテン・S
③07,06白目
ストレート・S
アウトライン・S
④3021
ストレート・S
目のまわりを放射状に刺す

**❺ほほ**
648,646

**❻鼻のまわり、鼻すじ**
648→646,645

**❷胴体と首　下→上**
646,645,648,07
3021首のシワ

+645 ひげ
スプリット・S

**❼鼻と口**
パデッド・サテン・S
①3021外周をスプリット・Sで下刺し
②3021（2本）横方向ストレート・Sで下刺し
③3799穴ストレート・S
④08全体サテン・S
⑤3799口アウトライン・S
⑥645鼻の周囲を放射状に刺す

手順
1. 犬を刺繍する。
2. レースリボンで飾りを作る。
3. レース飾りをえり元につけながら、ドレスをまつる。
4. ネックレスをつける。

## 仕立て方

2.3 ドレス

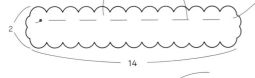

レースリボン　上側をぐし縫いする

2

14

胸元に合わせて
縫い縮める

ドレスを型紙に合わせて切
り、えりぐりは切り込みを
入れる。縫い代をすべて内
側に折り、えりぐりのみま
つる。

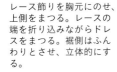

レース飾りを胸元にのせ、
上側をまつる。レースの
端を折り込みながらドレ
スをまつる。裾側はふん
わりとさせ、立体的にす
る。

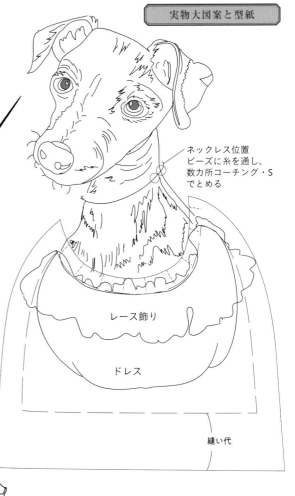

ネックレス位置
ビーズに糸を通し、
数カ所コーチング・S
でとめる

レース飾り

ドレス

縫い代

# 画家 ❀ photo_36

糸　　DMC25番刺繍糸
　　　茶系3866,842,841,840,839/ 紫3861,09/ グレー646,645,844/ 黒310
その他　胸元下地用布コットン（白）5cm角
　　　服用生地（茶色）10cm角
　　　えり用スエード（紫）3cm角、帽子用スエード（カーキ）5cm角
　　　右手の下地用フェルト（ベージュ）1cm角
　　　パレット用（薄茶）5cm角
　　　幅1.5cmのレースリボン16cm、手芸用綿
　　　ピーシングペーパー

刺し方手順
（　）内は糸の本数。
指定以外は1本どり、
指定以外は
ロング＆ショート・S

**④額　外→内**
①844陰
②842,841,840額
　09,645濃い毛
③3866まゆ毛

**③耳　外→内**
3861→09→310

**⑦鼻のまわり**
①645外周をスプリット・S
で下刺し
②645（2本）横方向に下刺し
③645,646斜め方向に刺す

**❺目　瞳→瞳のまわり→瞳の光**
①310
サテン・S
⑥3866
②840
サテン・S
③310
アウトライン・S
④3866
アウトライン・S
⑤844
ストレート・S
目のまわりを放射状に刺す

**⑧下あご、口、鼻**
①646,844　外→内に刺す
②310で鼻のまわりの外周、
　鼻の穴と口をアウトライン・S
　3866穴の光
③839鼻のまわり外周のみ重ねて刺す

**❻ほほ　外→内**
844,09陰
→842,3866

**⑨あごひげ**
ターキー・ノット
（p.47-9,10）
646左右
645下あご

**⑪レース飾り**

**⑫筆、右手**
①844（6本）
アウトライン・Sで下刺し
上から（1本）サテン・S

②フェルト（ベージュ）を下にまつっ
てから、842サテン・S
839爪 ストレート・S

③842
ストレート・S数回の後、
重ねてターキー・ノット
カットして、薄めた接着剤で軽く
固める。筆先は絵の具で着色する

**②首　胴体→首**
3866,842,09陰

**①胸元**
下地用の布を
まつる

**⑩服（アップリケ）**

**⑬パレット**
好みの色で
ストレート・S

842指、839爪

手順

1. 胸元に下地用布をまつる。
2. 犬を刺繍する。
3. 服をアップリケする。
4. レース飾りをつける。
5. パレットと筆を刺してつける。
6. 帽子は綿を入れ、アップリケする (p.48)。

・ターキー・ノットの位置

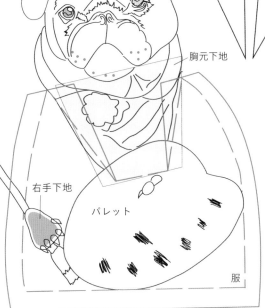

帽子

えり

胸元下地

右手下地

パレット

服

## 仕立て方

### 3. 服

1. 胸元に下地用布をまつってから刺繍する。

2. えり側の縫い代を表側に折って外周をまつる。
えりを貼る。

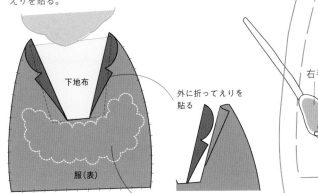

下地布

服(表)

外に折ってえりを貼る

綿を入れる

### 4. レース飾り

1. レースリボンの長さを半分に切り、えりの下に差し込んで縫いつける。

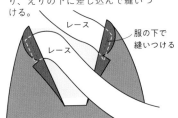

レース

レース

服の下で縫いつける

2. 左右のレースをふんわり結んで数カ所縫いとめる。端は服の中へ。

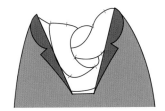

### 5. 筆とパレット

①筆と右手を刺す。
②パレットを作って貼る。

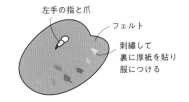

左手の指と爪

フェルト

刺繍して裏に厚紙を貼り服につける

# 探偵 ～ photo_37

糸　　　DMC25番刺繍糸
　　　　白3865,3866/ 茶色453,452,451,842,3864,3863,3862,801,3031/ グレー3799/ 黒310
その他　シャツ用コットン（白）5㎝角、ベスト用スエード（茶色）5㎝角、コート用ツイード生地10㎝角
　　　　コートえり用スエード3㎝角、ネクタイ用幅1.5㎝のリボン（えんじ）15㎝、ボタン直径2.5㎜×4個、ほつれどめ液

手順
Ⅰ．犬を刺繍する。
２．シャツ生地をまつる。
３．ネクタイを作ってつける。
４．ベストを作ってまつる。
５．コートを作ってまつる。

刺し方手順　　指定以外は1本どり、
　　　　　　　指定以外はロング＆ショート・S

❸額　外→内
3864→3866

❻鼻すじ　外→内
842→3866

❷耳　中→外
3799,3031→3862,3863縁

❷耳　中→外
3031陰→3862,3865,3864,801

❹目　瞳→目のまわり→光
310→801放射状に刺す→
3865ストレート・S

❺ほほ
3865,3864,3863

❾鼻のまわり　目の下→鼻
842,3866,453
左右から中央に向かって刺す
3799（透けて見える陰）

3865

❶首
453,452を刺した上に
3865バリオン・ノット
12～16回巻き

❶鼻まわりの毛
ターキー・ノット（p.47-9,10）
①3865
②下から452→451→3866

❽鼻の下
452,451,3866

❿鼻
パデッドサテン・S
①310（1本）外周をスプリット・S
②310（2本）横方向に下刺し
③上から3799,310縦にサテン・S

ボウル

❼パイプ
①310（4本）管
　アウトライン・Sで下刺し
②801（2本）ボウルを下刺し
③310 管サテン・S
④801,3799 ボウルをサテン・S
⑤310 ボウルの中をサテン・S
⑥3863（2本）縁アウトライン・S

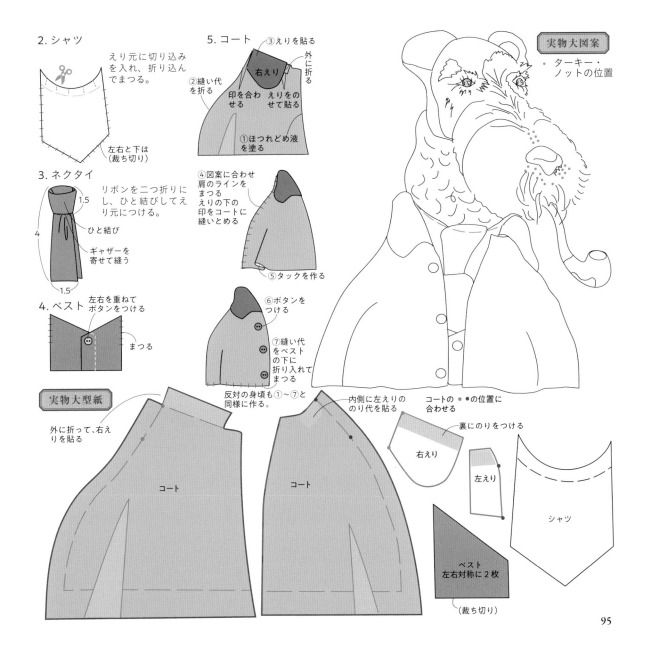

## 2. シャツ

えり元に切り込みを入れ、折り込んでまつる。

左右と下は
(裁ち切り)

## 3. ネクタイ

リボンを二つ折りにし、ひと結びしてえり元につける。

1.5

4

ひと結び

ギャザーを寄せて縫う

1.5

## 4. ベスト

左右を重ねてボタンをつける

まつる

## 5. コート

③えりを貼る

右えり

②縫い代を折る

印を合わせる

えりをのせて貼る

外に折る

①ほつれどめ液を塗る

④図案に合わせ肩のラインをまつる
えりの下の印をコートに縫いとめる

⑤タックを作る

⑥ボタンをつける

⑦縫い代をベストの下に折り入れてまつる

反対の身頃も①〜⑦と同様に作る。

内側に左えりののり代を貼る

コートの ●の位置に合わせる

実物大図案

● ターキー・ノットの位置

### 実物大型紙

外に折って、右えりを貼る

コート

コート

裏にのりをつける

右えり

左えり

シャツ

ベスト
左右対称に2枚

(裁ち切り)

## 米井美保代　Yonei Mihoyo

英国王立刺繡学校(Royal School of Needlework)日本分校にて Certificate & Diploma コース修了。これまでに学んだ英国刺繡をベースに、パッチワークキルトなどの技法も織り交ぜ、独自の刺繡表現を模索中。共著『いちばんやさしい犬刺しゅう』(エクスナレッジ刊)
Instagram　@mihoyo_needlework

作品・デザイン制作　米井美保代
撮影　蜂巣文香　天野憲仁(日本文芸社)
ブックデザイン　橘川幹子
作り方イラスト　下野彰子
Special thanks
　　ソーレ　olive　ルル　のんたん　あさり　Tsubu
　　のあ＆ちびくる　宮原ブンタ　こんぶ　coco ummels
　　ARIEL　珊瑚　Phoebe,Angelo,Fa-Fa&Sylphy　みゅう
撮影協力　AWABEES
編集担当　小泉未来

DMC
TEL.03-5296-7831
https://www.dmc.com

---

犬好きさんに贈る
# とっておきの犬の刺繡

2021年4月20日　第1刷発行

著　者　米井美保代
発行者　吉田芳史
印刷所　株式会社文化カラー印刷
製本所　大口製本印刷株式会社
発行所　株式会社 日本文芸社
〒135-0001　東京都江東区毛利2-10-18 OCM ビル
TEL 03-5638-1660(代表)
Printed in Japan　112210401-112210401 Ⓝ 01　(200029)
ISBN978-4-537-21885-5
URL https://www.nihonbungeisha.co.jp/
©Mihoyo Yonei　2021
編集担当　吉村

内容に関するお問い合わせは、
小社ウェブサイトお問い合わせフォームまでお願いいたします。
ウェブサイト　https://www.nihonbungeisha.co.jp/

カバーおよび p.12、27、28、29の作品は、Shutterstock.com の、p.16、17、18、22、26、27の作品は、Adobe Stock のライセンスに基づいて使用しています。